加茂隆康

火災・盗難保険金は出ないのがフツー

GS 幻冬舎新書 536

はじめに――巨大損保といかに闘うか

保険金というものは、いざというとき出るものだと大多数の人が思っています。テレビのＣＭでは、「まさかのために入って安心」をうたい文句に、損保は、保険への加入を大々的に宣伝しています。しかし、その「まさか」が現実に起きたとき、保険金は出ないのがフツーです。

なぜか。

金を出したくないからです。もう少し具体的にいえば、数万円程度の少額なら、比較的すんなり払いますが、一〇〇〇万円を超える多額の保険金となりますと、さまざまな屁理屈をくりだして、支払いを止めるのが、損保の戦略、というより常套手段なのです。

いわく「調査に時間がかかるから半年待って下さい」「問題の保険事故が起きたと認めることはできません」などなど。

ありがたいことに、前著『自動車保険金は出ないのがフツー』は、読者の支持をうけ、版を重ねました。私は、四〇年以上に及ぶ弁護士経験から、自動車保険に限らず、火災、風災、盗難などの保険事故でも、「保険金は出ないのがフツー」であるという現実を、目のあたりにしてきました。今回、前著の姉妹編を書こうと思ったきっかけは、そのような不幸な事案でお困りの方々のために、巨大損保とどう闘えばよいか、私はどう闘ってきたかをお話しし、あきらめないでいただきたいという思いを強く抱いたからです。

本書を読んだ読者の方の中には、私の訴訟活動を自慢げに書いていると感じる方がいるかもしれません。しかし、それはきわめてうがった見方であって（そういう方は多くの場合、損保側の偏った人間が多いのですが）、著者である私には、訴訟戦略や活動を自慢しようなどという意図は、さらさらありません。

損保が「不払い」を正当化しようとしてくりだすさまざまな攻撃に対し、なす術もなく敗けました、では、被害者である読者に何の役にも立たないではありませんか。役に立つことを書こうとすれば、対抗措置に言及し、「不払い」を裁判官に排斥してもらうような、正当な猛反撃について、触れざるをえません。それを「自慢げ」だと、誤った読み方をする読者も出てくるでしょう。

出ると思っていた保険金がまったく出ないという現実に直面した被害者は、ある人は怒り心頭に発し、ある人はおろおろし、一体これからどうしたらいいのか困惑するというのが実情です。弁護士に相談してみたものの、満足できる回答はもらえず、本当に訴訟にしても勝てないのか、専門の弁護士なら、勝つためにはどのような戦略をとってくれるのか、そこを被害者は知りたがっているのです。

このような切実な悩みを、電話や面談で、私はたびたび聞かされてきました。

それにきちんとおこたえするためには、損保と闘う訴訟戦術を具体的なケースに即してお話しするのが、読者の理解を得やすいだろうと考えた次第です。

この本に登場する保険事故のケースは、私自身が実際に東京地裁、高裁で扱った事案です。お客様である依頼人の方々とともに、私やパラリーガル（準法律職）が総力をあげて対策を練り、知力を結集して闘った熱い記録なのです。

ではまず、多くの人が加入している火災保険のケースからみていきましょう。

火災・盗難保険金は出ないのがフツー／目次

第三章　監視カメラの映像が残っていても払わない盗難事故　131

第二部 車の盗難

DTP 美創

第一章 失火を放火とされる火災事故

石油ファンヒーターから出火

暮れもおしつまった一二月二七日の深夜のことです。中国地方の、築五〇年の古い一軒家に一人住まいをしていた六七歳の女性が、和室でうたたねをしていたところ、足に熱さを感じ、目を覚ましました。気がつくと、石油ファンヒーターの吹き出し口から火が出ていて、足に燃え移ろうとしているではありませんか。

びっくりした彼女は、火を消さなければという思いから、台所に走りました。手近の鍋に水を汲みかけました。が、考え直しました。こういうとき、水をかけると、かえって火が燃えひろがるということを、いつかテレビで見たことがあったからです。

和室にもどると、火はもう天井近くまで広がっていました。手のほどこしようがありません。

お隣に助けを求めようと、隣家に駆けつけたものの、返事がありません。仕方なく家に引き返したところ、炎は二階にまで達して燃えさかっていました。

なす術もなく、道に立ちつくしていたところ、車で通りかかった男性が一一九番通報をしてくれました。

やがて消防車がきて放水し、火を消し止めてはくれましたが、あれよあれよという間に、古い木造家屋は全焼して、灰燼《かいじん》と化してしまいました。

額や足裏に火傷を負い、救急車で搬送

被害者の女性は、この事故で火傷を負い、救急車で病院に搬送されました。火傷の部位は、額、気道、咽頭、左手指、下顎部、両大腿、右足底でした。特に右足裏は、第二度の熱傷と診断されています。彼女は一晩、地元の病院に入院し、退院後は、数日、親戚からお金を借りて、地元の簡易宿泊所に寝泊まりしました。そのあとは住む家がありませんので、遠く離れた関東の姉夫婦の家に身を寄せました。そちらで、さらに一か月余り、通院治療をうけました。

額や足裏に火傷を負ったという事実が、後日の裁判で、意味をもってきます。

現金も預金通帳もみんな焼けた

彼女が石油ファンヒーターからの出火に気づいたときは、その火が障子を伝って上に燃え移ろうとしていましたから、保管していた現金や財布、預金通帳、保険証券といった貴重品をもちだす暇はありませんでした。ですから、家の中にあったものは、一切合切すべて焼け、文字通り着のみ着のままで焼けだされたのです。

このことも、将来の裁判で意味をもってきます。

出火原因は何か

火が出た和室には、いずれゴミに出す予定の新聞が一〇センチくらい積み上げてありました。荷造り紐で結わえた束もありましたが、そうでなく、単に折り畳んで積み上げたものもありました。どちらも、石油ファンヒーターに引火しないよう、二メートルくらい離れた位置に置いていました。

彼女はうたたねをしていたとき、寝返りを打った拍子に、紐で結わえていなかった新聞紙のどこかを蹴飛ばしてしまったのでしょう。本人はそれに気づかず、ファンヒーターの近くに飛んだ新聞紙を、再度寝返りを打ったとき、また蹴飛ばしてしまったのだと推測されます。

蹴飛ばされた新聞紙が、石油ファンヒーターの吹き出し口の奥の燃焼口に触れてしまったため、火がついたのでした。

消防署の鑑定では失火

消防署による消火活動が終了し、完全に鎮火した翌日、消防署による現場検証が行われました。消防署から入院先の病院に迎えの車がきて、車椅子で、被害女性も立ち会いました。署員が焼け落ちた建物の残骸に足を踏み入れ、女性から話を聞いて、部屋の間取り図を作ります。石油ファンヒーターや新聞紙の置いてあった位置、さらには彼女がうたたねをしていたときの頭、体、足の位置まで図面に書き入れます。その間取り図にてらし、どこが一番燃えているかは、一目瞭然でした。和室の中の石油ファンヒーターの置かれていた場所です。石油ファンヒーターは、スチール製でしたので、燃えつきるというところまではいきませんでしたが、真っ黒焦げになっていました。

消防署員は、火が出たときの様子について、女性から話を聞き、それをもとに、同型の石油ファンヒーターで、引火の実験まで行っています。燃焼中の石油ファンヒーターの前面金属部分に新聞紙が接触すると、容易に発火することが確認されました。

その結果、今回の火災は、女性がうたたねをし、寝返りを打ったとき、足で蹴飛ばした新聞紙がファンヒーターの燃焼口に入って引火した「失火」と断定しました。

警察の捜査でもシロ

建物が焼けると、事件性の有無を判断するため、警察も動きだします。不審火なら、放火の可能性があるからです。

所轄の警察署でも、消防署にひきつづいて現場検証を行い、被害女性から話を聞きました。

その結果、事件性はないとみて、早々に捜査を打ち切りました。

実は、火災については、刑法に「失火罪」（刑法第一一六条）というものが、規定されています。自己所有で一人住まいの自宅を失火で焼損させた場合、この罪を問うには、

「公共の危険」を発生させることが要件とされています。今回、火が出た家屋は、隣家とは少し離れた田舎の一軒家でした。このため、幸いにも隣家に延焼することはありませんでした。

警察も、「公共の危険」を発生させてはいないと判断したのでしょう。被害女性が失火罪に問われることは、ありませんでした。

保険会社の事故報告

焼けた建物には、A損保の、「家庭総合保険」がついていました。名称は保険会社によって異なり、「住宅総合保険」ということもあります。一般に、火災保険と呼ばれているものは、この中に組み込まれています。

保険証券も焼けてしまったため、被災した女性は、A損保に連絡し、保険内容を記載した文書を送ってもらいました。それによりますと、建物に一〇〇〇万円、家財に五〇〇万円の保険がかけられています。このほかに、「事故時諸費用保険金」という名目のものも、三〇〇万円が支払いの対象になることがわかりました。「事故時諸費用保険金」とは、火災で焼けだされたときにかかる、ホテルに宿泊したり、衣類を買ったり、病院で治療を受けたりといった臨時費用にあてるための保険金です。このケースでは、三〇〇〇万円を限度として、住宅につけられていた保険金額一〇〇〇〇万円の三〇%まで支払われることになっていました。一〇〇〇〇万円の三〇%は三〇〇〇万円で、ちょうど限度額と同額です。従って、すべて合計すると、一八〇〇〇万円が保険金の請求額ということになります。

火災事故の報告をうけたA損保では、年末にもかかわらず、調査会社の者を派遣してきました。火災で住宅や物置、さらには社屋や工場、倉庫などが焼けた場合、保険会社では必ず調査機関に調査を依頼します。ここでいう調査機関とは、浮気調査などをする一般の探偵事務所などとは違い、保険事故の調査を専門的に扱う調査会社のことです。

「調査」と聞くと、多くの人は、不審な点がなかったかを、公正な目で調査するのであろうと考えがちですが、実態はそうではありません。「保険金不払い」を正当化するために、請求者側に不利な材料がないか、「これは放火だ」といえるような証拠を探しにくるのです。調査会社にとっては、保険会社は毎回調査料を支払って下さるお得意様であり、その機嫌を損ねないよう、損保に有利な材料をみつけだすのが使命《ミッション》だからです。

調査会社の者は、被災者の女性から簡単に説明を聞くと、焼けただれた建物の残骸にスニーカーで入り込みました。どの部位がどのように焼けているか、くまなく写真を撮り、最後に和室の床に散っている焼残物（燃えカス）を勝手にビニール袋に入れて、立ち去りました。

女性は、その様子を、車椅子で遠くからただ眺めているだけでした。

損保の回答は支払不能

保険金の請求から六か月以上も待たされたあげく、A損保から届いた通知書は、「火災保険金支払不能のご連絡」というものでした。内容は、出火場所から灯油成分が検出されており、「出火原因に関する諸調査の結果を勘案し、本件火災は、偶然に発生したと判断することはできない」から、保険金の支払いもいたしかねるというものでした。

ありていにいえば、「あなた（被保険者であり、保険金請求権者）が、自分で火をつけたんでしょ。放火じゃありませんか」と糾弾しているのにひとしいといえます。

出火場所から灯油成分が検出されたとは、どういうことか。不審に思った女性は、検出されたという灯油成分に関する調査資料を開示するよう、A損保に要求しました。しかし、A損保は開示には一切応じませんでした。

要するに、自分たちの調査結果にてらすと、火災発生の偶然性に疑問がある、だから保険金は払わない、でも調査結果は開示しない、納得できないなら、裁判でも何でも勝手にやれ。これがA損保のスタンスでした。こういうA損保のやり口は、被保険者にすれば実に腹立たしいものですが、A損保に限ったことではなく、保険事故が起きたとき、どの損保、共済でも、同じようなけんもほろろの対応をしてきます。

調査結果の不開示により、被害者を泣き寝入りさせる

保険事故が起きたとの連絡をうけた場合、損保はまず事故の概要を被害者から聞きます。そのうえで、事故があったことを証明する資料の提出を求めます。火災なら、消防署で発行する「り災証明書」です。

それらを出させたうえで調査に入るわけですが、調査結果が出るまでに六か月くらい

かかります。ケースによっては、それ以上です。これは、ほとんどの保険約款で、調査にかかる期間を一八〇日（六か月）と定めているからです。

しかし実際には、調査に六か月もかかるわけがありません。三か月もあれば、結論は出ます。保険会社としては、引き延ばしのために、ことさら六か月以上待たせるのです。長期間待たされた被保険者の中には、待ちくたびれて、請求をあきらめる人がでてきます。ここであきらめると、損保の術中に陥ってしまいます。

火災事故での調査とは何をするのか。

それは、被保険者（保険に入っている人）が、火災になるように仕組んだ形跡はないかを調べるのが、主目的です。仮に仕組んだのなら、放火であり、保険金は出ません。火災保険金を請求する行為自体が、保険金詐欺（未遂）になります。

放火というものは、危険を伴うものです。強い動機がないと、そのような行為には及びません。そこで、どのような経緯で火災に至ったのかの原因調査とともに、これが放火だと仮定して、その動機は何かを探ります。動機として真っ先に浮かぶのは、経済的困窮です。経済的に困っていなかったか、借金の返済に苦慮していなかったかを調べます。そこで、個人ならローンの有無、その返済状況を尋ねられますし、法人なら、決算書を出せと迫ります。赤字決算なら、経営状態がはかばかしくないから、自分で社屋や工場に火をつけ、保険金で挽回しようと謀《はか》ったのではないかと疑います。その疑いを推測させるような証拠が少しでもあれば、正確にはそういう証拠がなかったとしても、自分たちの疑いを揺るぎない事実であるかのようにすり替え、「保険金支払不能」の通知を被保険者に送りつけます。「調査によれば、失火とは考えがたい」という理由で。

その調査結果の資料は、被保険者が求めても、損保は決して開示しません。被害者は激怒します。しかし、弁護士をつけて訴訟にもち込むのはしんどいことです。こうして、多くの被害者は泣き寝入りさせられます。損保は、それを待っているのです。

ジョン・グリシャム『ザ・レインメーカー』に出てくる話

「わたしは当時の会社の方針にしたがい、拒否通知を送りました」

「なぜです？」

「なぜ？　すくなくとも一九九一年については、あらゆる請求を拒否することになっていたからです」

「あらゆる請求を？」

「ええ。まず最初にあらゆる請求をとりあえず拒否し、ついで正当に思える少額の請求にかぎって審査するというのが、当時の会社の方針だったのです」

（ジョン・グリシャム　白石朗訳『原告側弁護人』新潮社）


これは、ジョン・グリシャムの法廷ミステリー『ザ・レインメーカー』（邦題『原告側弁護人』）に出てくる一節です。

若い男性が急性骨髄性白血病で死の床についているのに、生命保険会社は、保険金を支払おうとしません。

ロースクール出たての新米弁護士（映画では、マット・デイモンが演じました）が生保側の大弁護団を相手に、法廷で闘いを挑みます。新米弁護士に勝ち味はあるのか。

誰がみても勝ち味はなさそうにみえるのですが、最後に生保の副社長の愛人だった女性が証言席に座り、保険金を不払いにした理由を前述のように語るのです。

保険金不払いの相談がもち込まれるたびに、私はこのシーンを思いだします。

高額事案については、保険会社は、一律に、不払いを決め込んでいるのではないか。訴訟にされて敗訴した事案のみ、仕方なく払うのではないか。長年弁護士をしていますと、この思いは強まるばかりです。

偶然性の立証責任

保険というものはすべて、偶発的に発生する事故に備えるためのものです。故意に事故を起こしておきながら、あたかも偶然発生したかのように偽装して、保険金を請求するのは許されません。こういう行為は、「モラルリスク」と呼ばれ、保険金詐欺にあたります。

そこで、すべての保険は、事故が偶然起きたものであること、つまり、「偶然性」ということが、前提になっています。「偶然性」を証明する責任＝立証責任は、被保険者にあります。

話を、本件火災保険にもどしましょう。

このケースでは、女性がうたたねをしていたとき、寝返りを打った拍子に、床に積み上げておいた新聞紙を足で蹴飛ばし、その新聞紙が石油ファンヒーターの燃焼口に入り込んで、引火したと推定されています。消防署の「火災原因判定書」ではそう結論づけられていました。警察でも、放火を疑うような事件性はなしと判断しています。

公的機関が単なる「失火」と結論づけているわけですから、常識的にみれば、この火災が偶然起きたものであることは、証明十分といえるでしょう。女性は、消防署からとりつけた「火災原因判定書」を、保険金請求書を出した一か月後には、A損保に送ってありました。ですから、A損保も、当然、消防の見解を文書でみているはずなのです。

それにもかかわらず、自分たち独自の「調査結果」をたてに、保険金の支払いを拒んできたことになります。

A損保は、なぜこんなひどい対応をするのか。

同社のホームページでは、「行動指針」として、「お客様第一」「誠実」などを掲げています。それとは正反対の行動をとるのはなぜなのか。

こたえは簡単です。金を払いたくないからです。行動指針など、客寄せのための表向きのことばであって、腹の底では、お客様（契約者・被保険者）を踏みつけにすることを、まったく厭《いと》わないからです。相手が高齢者なら、泣き寝入りしてくれるかもしれない。もし訴訟を起こされて敗けたなら、そのとき払えばよい。そういう不埒な考えが、損保に共通するポリシーなのです。

訴訟への勝算

保険会社がある事案について、いったん「不払い」を決定した限り、訴訟以外の方法で、請求者側に有利な解決がはかられることはありません。

「不払い」の通知が、保険会社側の弁護士から送りつけられることもあります。そうした場合、こちらも弁護士をたて、弁護士同士で話し合えば、よい解決が得られるのではないか、とおっしゃる方がいます。それは、弁護士という職業の者を、正義の味方ととらえる幻想だといわなければなりません。保険会社の弁護士は、自分のお得意様である保険会社を守ろうとするあまり、とりつくシマがないくらい、被害者からの請求をはねつけるからです。

保険金請求訴訟の依頼をうけた場合、弁護士は、訴訟の勝算の見通しをたてます。その場合、もっとも注意を払わなければならないのは、「偶然性」の立証を尽せるか、という点です。このケースでは、A損保側では、出火場所から灯油成分が検出されたなどといっており、灯油をまいた可能性を示唆しています。その調査結果の資料は、こちらに開示されていません。訴訟の場では、その調査資料を提出してくるでしょう。それが、放火を裏づけるものだと、こちらに不利になります。しかし私には、わかっていました。保険会社側の調査資料などというものは、金で雇われた調査機関の者が、損保に気に入られるように結論づけたもので、客観的信憑性《しんぴょうせい》に乏しいことを。消防署でも現場検証を行っています。焼残物から灯油の成分が発見されたというなら、消防の検査官が気づかないはずはありません。

消防署の「火災原因判定書」と、A損保の調査資料のどちらを裁判官は信用するか。裁判官の気持を忖度すれば、まず前者です。

相手方が、火災の偶然性に疑問を投げかけるような資料を提出してくることは目にみえていましたから、その反証を考えておかなければなりません。

弁護士を執事のようにこき使う

訴訟にされて敗けるくらいなら、さっさと払えばいいではないか。そう思われる方も多いでしょう。

ところが、損保はそういう考え方をとりません。調査機関に調査費用を支払い、弁護士に弁護士費用を支払ったとしても、払いたくないものは払わない。下手に払うと、担当者が上司から叱責されかねないからです。敗けたとしても、どうせ払うのは損保という会社であって、担当者やその上司ではありません。自分が上からとやかくいわれるくらいなら、「弁護士案件」として、自分の手から案件を手放した方が、担当者にとっては楽なのです。自分の仕事が減りますから。それにいまは、弁護士が余っている時代です。安い費用で弁護士を執事のようにこき使うことができます。

考えてもみてください。自分の仕事を肩代わりしてくれる執事がいるとしたら、みなさんも、これを使いたくなるのではありませんか。損保の場合は、そういう執事をあちこちにかかえているのです。

敗けたときは、上司になんと報告するか。

「この案件は、弁護士先生に闘っていただいて敗けたのですから、致し方ありません」

「執事」が、自分の都合で、そのときだけ「先生」に変わります。

損保と、その提携弁護士の力関係は、明らかに損保の方が上なのです。

私はときどき、法廷で、非常識な難癖をつけてくる損保側の若い弁護士と対峙します。傍聴席には、損保の担当者がなりゆきをみつめています。相手方弁護士の発言と、それにつき合わされる裁判官の、「もういいかげんにしろ」といわんばかりの不快感のこもった顔いろをうかがいながら、私は思います。損保の担当者の手前、彼は彼で、がんばっている姿をみてもらいたいのだろうなと。腹立たしさとは別に、被告の代理人席に、幽《かす》かな哀れみすら感じるのは、こういうときです。

焼残物から灯油が検出された

東京地裁に提起した火災保険金請求訴訟の中で、A損保側の弁護士は、事前の回答をくり返すように答弁してきました。これは原告の女性による放火だと。助燃剤、つまり灯油をまいた痕跡があると。なぜなら、石油ファンヒーターの周囲にあった焼残物から、灯油の成分が検出されたというのです。それを裏づけるため、A損保は、火災の専門家の鑑定書を提出してきました。鑑定書によれば、焼残物を科学的に分析した結果、決して少なくない量の灯油成分が、ファンヒーターの周囲のあちこちから検出されたと結論づけています。

これは、灯油を意図的にまかなければ検出できない量である。ということは、原告本人が灯油をヒーターの周りにまいて、火をつけたのにちがいない。

これが相手側弁護士の主張でした。

再現実験でも、偶然には引火しない

A損保は、発火した石油ファンヒーターと同種同型のファンヒーターを使い、周りに新聞紙を積み上げて、引火するかどうか実験をしたといいます。

A損保による「実験」は、たて、よこ一・八メートル、奥行五・四メートルの筒型の箱をベニヤ板で作り、その中に石油ファンヒーターを置いて行われました。場所は、どこかの倉庫を借り、実験セット以外、周囲には何もありませんでした。

その実験内容と結果を、写真入りの文書にまとめて提出してきました。それによれば、新聞紙が燃焼口に触れたくらいでは引火せず、引火させるには、人間が故意に燃焼口に新聞紙をさし込む必要がある。焼残物から灯油成分が検出されている事実や、燃焼口に新聞紙をさし込まなければ、決して引火しないという事実から、本件が「放火」であることは明白だと、A損保側弁護士はいいます。

いま私は、「事実」という言葉に傍点をつけました。といいますのは、これは、ミステリーなどでよく使われる叙述トリックだからです。相手が「事実」だといっているのは、何の裏づけ証拠もない単なる思い込みにすぎません。こういう仮想事実に対しては、私は次のように反論します。

「それは、あなたの妄想で、妄想を『事実』にすり替えている」と。

井上靖『氷壁』の題材となったナイロンザイル事件での実験

保険金請求訴訟では、損保はしばしば、実験、正しくは「実験と称するもの」を行ってきます。それは、自分たちに有利な結論が出るよう予め仕組んだもので、サイエンスの世界のように、世界中のどの科学者が検証しても、同一の結論が導かれるというのとは、まったく違います。

井上靖の小説に『氷壁』という作品があります。

この小説は、一九五五年に北アルプス前穂高岳で実際に起きた滑落、墜死事故を題材としています。実際の事故は、次のようなものでした。

前穂高東壁の、冬季初登攀《とうはん》を狙った登山家パーティがいました。彼らは「岩稜会」という登山クラブに所属する大学生でした。頂上まで間近に迫った岩壁で、仲間の一人が、ナイロンザイルを岩場にかけます。そのあと、五〇センチほどスリップし、本来なら、ナイロンザイルが彼の滑落をくい止めるはずでしたが、彼は墜死しました。ナイロンザイルが切れたのです。

当時、このナイロンザイルは、マニラアサ製ロープよりはるかに強度が強いという触れ込みで作られた新製品でした。はたして本当にナイロンザイルは切れたのか、それとも故意に切ったのか。

工学部出身であった被害者の兄は、実験をくり返し、ザイルが岩壁の鋭角の岩角にかかって、人間の体重程度の荷重がかかると、容易に切断されるという事実をつきとめます。

一方、ロープメーカーも躍起になり、蒲郡《がまごおり》にある工場で公開実験に挑みます。これは後に、「蒲郡実験」と呼ばれます。この実験は、山岳関係者や新聞記者を集めて行われました。実験では、ナイロンザイルは切れませんでした。それというのも、実験用の岩角には、みている者には気づかれない程度の丸みが意図的につけられていたからです。この実験を指導したのは、当時、日本山岳会関西支部長で大阪大学工学部教授だったSという男でした。

マスコミは疑うことなく、実験結果を報道しました。「蒲郡実験」のあと、「岩稜会は自分たちのミスをナイロンザイルのせいにした」という記事が、山岳雑誌などに出ます。岩稜会側は、Sを、名誉棄損罪で告訴するという事態にまで発展しました。約一年後にSは不起訴処分になりましたが、実験に小細工などしないで、公明正大に行い、ナイロンザイルの危険性を報じていれば、その後の犠牲者は、最小限にくい止められていたでしょう。実験後も、問題のナイロンザイルの切断で、二〇人を超える登山家が命を落としたといわれています。

岩稜会側によるナイロンザイルの危険性の訴えを、日本山岳会は無視しつづけました。一九七三年、ようやくその主張が認められ、消費生活用製品安全法が制定されます。この対象には、クライミングロープも含まれました。一九七五年、クライミングロープの安全基準が、世界で初めて日本にできました。

このケースで行われた「蒲郡実験」は、いくつかの教訓を残しています。実験と称していても、工場内と北アルプスの冬場の岩壁とでは、自然条件がまったく異なること、実験装置には、実験者側で、自分たちに有利な結果をもたらすよう、細工をすることができること、そういう細工を一切していないという保証はないこと、実験指導者が国立大学の教授であっても、決して信用できないこと、教授といえども、人間の生命《いのち》より、自分の利害を優先させる悪玉がいるという現実でした。

サイエンスの世界では、有名大学の教授による論文捏造が報じられていますが、ナイロンザイル事件は、登山家の生命を危険に晒《さら》しただけに、より深刻であったといえます。

ちなみに、井上靖の小説『氷壁』は、朝日新聞に掲載されたあと、一九五七年に単行本化され、ベストセラーになっています。

故意の立証責任

本件では、消防署の「火災原因判定書」で「失火」と結論づけられ、警察でも、放火などの事件性はなかったことが、文書で証明されています。

ということは、保険金を請求している原告側は、「偶然性」の立証責任を尽くしていると考えるのが自然です。

A損保が、保険金不払いの正当性を認めてもらうためには、偶然ではないこと、つまり放火であることを、逆に証明しなければなりません。

一般に、どんな保険にも、「免責条項」という規定があります。これは、保険会社が責任を免れる場合をうたったもので、故意に事故を起こしたケースはその典型です。問題の事案が、「免責条項」にあたるといいたければ、そのことを今度は損保側が立証しなければならないのです。これを立証責任の転換といいます。

公的な機関で「失火」と結論づけているケースを、「いや、放火だ」と証明するのは容易なことではありません。A損保は、苦肉の策として、自分たちの実験では、石油ファンヒーターの燃焼口に、故意に新聞をさし込まない限り引火しないだとか、現場から勝手に持ち去った焼残物から多量の灯油成分が発見されたなどと反論してきました。その反論を正当化するために、火災の専門家による鑑定人を二人たて、それぞれ、「鑑定書」や「意見書」というものの提出に及びました。その内容は、数々の数式や火災の文献を引用して、科学的にもA損保の主張が正当であることを裏づけようとするものでした。

鑑定人の一人は、これまでにもたびたび火災保険金請求訴訟に携わってきたらしく、過去に関与してきた全国の裁判所での訴訟案件を「意見書」の末尾に列記していました。自分はこんなにたくさんの訴訟に関わった実績があり、信頼性の高い火災専門家なんだといわんばかりです。

元科捜研の火災専門家の協力を仰ぐ

A損保が、「実験」結果を踏まえて、専門家の「鑑定書」や「意見書」を出してきた以上、こちらも、火災専門家で対抗しなければなりません。裁判では、裁判官が損保側に与《くみ》してしまうということも、考えられないわけではないからです。

A損保が、原告の「放火」だと主張する論拠は、大まかにいうと二つありました。

(1) 石油ファンヒーターは、燃焼口に人が故意に新聞紙をさし込まない限り引火しない。積み上げていた新聞紙を足で蹴飛ばした程度では、たとえ新聞紙が石油ファンヒーターに接触したとしても、「実験」では、引火しなかった。

(2) 石油ファンヒーターの周囲の焼残物からは、多量の灯油成分が検出されている。これは灯油を故意にまいた証拠である。

以上から、本件は、原告が、石油ファンヒーターの周囲に灯油をまいて火をつけた「放火」であることは明白であると結論づけています。

私は、元県警の科学捜査研究所にいた火災専門家（仮にM氏とします）に連絡をとり、協力を仰ぎました。A損保が提出してきた「鑑定書」や「意見書」を論駁《ろんばく》するための、「意見書」の作成を依頼したのです。

A損保の反論(1)は、消防署での実験結果で、新聞紙を足で蹴飛ばせば、容易に引火することが証明されています。これだけでも十分でしたが、M氏は、「意見書」の中で、A損保の行った「実験」の信憑性に言及してくれました。実際に被災した家屋での条件と、倉庫内にベニヤ板で組みたてた実験セットとでは、諸々の条件が違うということを指摘したのです。出火当時の乾燥度、気流、石油ファンヒーターと新聞紙の位置関係、関係者の足の位置などが、「実験」では明確になっていません。実際に、M氏が過去に行った実験では、出火していたといいます。たとえば一〇〇回実験して九八回は出火したが、二回だけ出火しなかった場合でも、「実験」では出火しなかったと損保はいいつくろう。A損保は、あたかもこの火災発生の状況を再現したかのような「実験」を行ったと主張するが、「目にみえる条件」「目にみえない条件」「気づいていない条件」をすべて正確に再現できていない限り、それを根拠に、蹴飛ばした新聞紙が吹き出し口に入って引火する可能性を否定するのは、科学的に誤っていると、M氏は明言します。

「ナイロンザイル事件」での実験と、同じ問題点を指摘したのでした。

次に(2)の点です。

周囲の焼残物から多量の灯油成分が検出されているなどとA損保はいい、その数値をこと細かに「鑑定書」に書いてきました。しかし問題の焼残物の試料自体が、原告側には渡されていません。A損保の調査員が焼残物をもち帰りたいのであれば、採取した焼残物の二分の一を原告に渡すべきでした。そうすれば、後日、原告側でも、本当に焼残物から灯油成分が検知できるか検証できますが、試料がこちらに渡されることなく、自分たちが勝手に採取した焼残物から灯油成分が多量に「出た」「出た」と強調されても、そんなものは、弁護士として信用できません。もち去った焼残物を分析する際、A損保の意向で、彼らは故意に灯油をぶっかけることだってできるからです。そんなひどいことをするのかと思われがちですが、損保や損保側の鑑定人は、金のためなら、そういう捏造を平気でやりかねない人種なのです。

スコット・トゥロー『推定無罪』での証拠物

アメリカの弁護士作家スコット・トゥローの有名なリーガル・サスペンスに『推定無罪』というのがあります。これは、キャロリンという美人検事補が殺害され、彼女と愛人関係にあった上司の首席検事補サビッチが、逮捕、起訴されるという物語です。逮捕の決め手となったのは、犯行現場であるキャロリンの自宅のグラスに残されていた指紋でした。アメリカの検事は、検事局に自分の指紋を登録することになっているようで、遺留されていたグラスの指紋が、サビッチの指紋と一致したのです。

しかし、肝心のグラスが法廷に出されていません。証拠物保管室から行方不明になったようです。指紋とグラスはセットになっており、指紋を採取したというグラス（物的証拠）を検察側で提出できなければ、その指紋は検事局の仕事場から採取したのかもしれず、被害者と犯人を結びつける証拠にはなりません。

それと同様のことが、焼残物の灯油成分にもいえます。A損保の鑑定人が、「鑑定書」の中で、いかに詳細に焼残物から灯油成分が検出されたと述べてみたところで、肝心の焼残物という物的証拠がこちらに渡されていない状況では、検証可能性がありません。空虚な議論です。論理実証主義の哲学者A・J・エイヤーは、『言語・真理・論理』という名著の中で、検証可能な命題こそ真の命題であり、検証できない命題は無意味な命題だといっています。裁判では、サイエンスと同様、このことが強くあてはまります。

さらなる反論

A損保の反論(2)が仮に事実だとしたら、どう論駁するか。

火災専門家のM氏は、「意見書」の中でいっています。

石油ファンヒーターの周囲の床に飛び散った灯油成分は、消防の消火活動の際、放水の勢いでファンヒーターの石油タンクから飛び散った可能性が高い。それにくわえて、鎮火後に、現場検証のため、消防署の関係者がスニーカーなどで現場に踏み込み、焼け焦げた床を歩き回っている。その行為によって、灯油成分を含んだ焼残物が靴の底にこびりつき、ファンヒーターの周囲以外のあちこちに移転した。A損保の調査員がきたのはそのあとである。調査員も、現場の床を踏み荒しているから、調査員の靴によっても、さらに灯油成分を含んだ燃えカスが方方《ほうぼう》に広がった。だから、焼残物から灯油成分が検出されたとしても、なんら不自然ではないと。

意見書合戦

こちらがM氏の「意見書」を出したのに対し、A損保は、負けじと、同じ火災専門家による「再意見書」を提出し、抗戦してきました。その「再意見書」の信憑性を弾劾するため、私はふたたびM氏に「再意見書」を書いてもらいました。

訴訟はこうして、原告と被告損保の、互いの専門家同士の、メンツをかけた「意見書」合戦の様相を呈しました。

動機の不存在と火傷の部位

自宅に放火するなどというのは、異常な行為です。はっきりした動機がなければ、不自然です。

このケースでは、放火しなければならないような動機はまったく存在していません。

彼女には、暮らしていくだけの預金もありました。

被災した女性の火傷の部位も、放火をはっきり否定しています。彼女は、左手の指や額、大腿部、足底に火傷を負いました。放火をする者は、靴などを履き、灯油やガソリンをまいて火をつけたなら、すばやく逃走するのが常です。裸足のまま、水をかけるために、台所に走るなどという行為は、しません。また放火をする者は、自分の体の一部に油などがかからないよう細心の注意をするのがふつうです。服装も燃えにくいものを選ぶでしょう。その点、指や額、大腿部、足底に火傷を負ったというのは、突然の出火に、彼女があわてふためいていた様子をうかがわせます。

現金まで焼失したのは放火でない証拠

さらに、しまっておいた現金や財布、預金通帳まで焼けてしまったというのは、放火犯には考えがたいことです。放火犯なら、そういう貴重品は、予めもち出しておくのがふつうです。

動機の不存在、火傷の部位、現金まで焼けたといった事実は、A損保の主張する「放火」を強く否定するものでした。

原告本人尋問から判決へ

原告の女性が火災にあったときの状況は、「陳述書」という文書にして、提出してありました。「陳述書」とは、当事者や関係者が、事実関係を述べた文書です。ほとんどのケースでは、代理人である弁護士が、本人などからヒアリングをし、それを弁護士の方で文書化して、本人に署名捺印を求めます。「陳述書」は、訴訟の相手方から、事実についての反論が出るたびに、何回も出すことがあります。

「陳述書」によって、事実関係はおおむね裁判官に把握されていましたが、それでも直接本人から話を聞くため、原告本人尋問が行われました。

尋問のあと結審し、五〇日後に判決が宣告されました。

往生際が悪い！

判決では、こちら側の主張を全面的に認め、請求額通りの保険金の支払いを命じました。

Ａ損保側の「実験」は、火災現場とは条件が異なっており、「実験」で新聞紙に引火しなかったからといって、原告が放火したとはいえない。焼残物から灯油成分が発見されたからといって、消防の放水で石油タンクの灯油が飛び散ったであろうし、消防署員などが現場検証のために、現場の焼残物の上を歩き回れば、灯油を含んだ焼残物が靴の底にへばりつき、ファンヒーターの周囲だけでなく、あちこちにその焼残物が残されたとしても、不自然ではないといってくれました。

こうして、Ａ損保のいう放火の主張はあたらないから、「免責条項」にも該当せず、Ａ損保は原告の女性に、火災保険金一八〇〇万円を支払う義務があるというのが、判決の論旨です。

こういうケースにおいて、裁判官は、証拠をみて、判決文を書くずっと前に、原告、被告の勝敗の心証をつかみます。判決となると、このケースでは、Ａ４判用紙二三ページにもわたって、被告の主張や証拠を詳細に検討し、排斥した理由を述べなければなりません。裁判官もたいへんだなと思います。

裁判官の判決文にもいろいろあり、緻密な論証をくりひろげて結論を導きだしているものと、そうでないものとがあります。本件の判決文は前者でした。本件が控訴審に移行した場合、高裁の三人の裁判官が一審の判決文の正当性を検証します。それを意識した場合、判決文での論調は、敗訴側の主張と勝訴側の主張を一点一点とり上げ、証拠資料を検討した結果を子細に述べるという形式をとります。このケースでの一審の判決文を読む限り、A損保側の主張は完璧に排斥されており、A損保としても、もはやこれをうけ入れるしかないと思わせるものでした。

それにもかかわらず、A損保は控訴（一審判決に対する高等裁判所への不服申立）してきました。

大阪人なら、「お前よお、ええかげんにせんかいな！」と怒鳴りたくなるところです。A損保の担当者が目の前にいたら、胸ぐらくらい、つかんでいたでしょう。東京人の私は、オフィスで一人、呟きました。「まったく、往生際の悪い奴だ！」と。

仮執行をくい止めてまで控訴してくるやり口

一審判決には、支払いを命じた部分について、「仮執行宣言」というものがついています。これは、判決の確定（当事者のどちらからも控訴の申立がなされず、一四日間が経過すると、判決は確定します）を待たないで、被告側の財産（預金）などを差押え、原告は、たとえばA損保の預金から強制的に保険金に相当する金額をうけとることができるという制度です。敗訴した側で、お金を先取りされていたら、高裁で逆転勝訴しても、とられたお金を回収するのは、難しくなります。使われてしまったり、外国にでも移住されたりしたなら、敗訴者はお手上げです。

敗訴した被告側でこれをくい止めるためには、裁判所に「執行停止の申立」というのを行い、預託金（判決で認められた金額のおおむね三分の二以上の金額）を法務局に供託して、「執行停止の決定」をうけなければなりません。A損保は、一五五〇万円余りを預託して、「執行停止の決定」をとり、控訴の申立をしてきたのです。

私がもしA損保の代理人であったなら、「この件は負けるから控訴はやめた方がよい」と説得したでしょう。同社の代理人の弁護士がそのようにいったかどうかは知りませんが、A損保は、何がなんでも不払いを正当化しようと企む悪辣な損保ですので、負けてもいいから最後まで闘うという方針を、弁護士に伝えたのではないかと想像されます。

高裁判決

東京高等裁判所の判決は、あっさりしたものでした。一審判決を全面的に追認し、原告の完全勝訴でした。

高裁判決に対してさらに不服がある場合、最高裁に「上告」する道も、制度的には残されています。しかし、「上告」するためには、「上告理由」が必要です。「上告理由」は、高裁判決に憲法違反がある場合など、ごく限定的です。このケースで憲法違反は考えられず、さすがにA損保も「上告」はしてきませんでした。

遅延損害金という利息

本来、支払ってもらうべきお金を、保険約款で決められている期日までに支払ってもらえなかった場合、勝訴判決をうけると、支払済に至るまでの遅延損害金というものを付加して、支払いを命じてもらえます。これは利息のようなもので、支払い保険金に対し、年六%の利率で計算されます。二〇一八年一二月現在の銀行金利が、定期預金でおおむね〇・〇一%、普通預金でおおむね〇・〇〇一%であることからすれば、ものすごい高利率です。

この利率については、二〇一七年の民法・債権法の改正に伴い、法定利率が民事と商事で区別がなくなり、二〇二〇年四月一日以降から、年三%に改められました。低金利時代の市場経済の実情にてらして、遅延損害金の利率を下げたのです。ただし、経済の動向を見きわめるため、利率は、以後三年ごとの変動制になります。

今回の火災保険金請求事件については、判決で認められた本来の保険金が一八〇〇万円でした。これに年六%の遅延損害金を計算すると、支払いが遅れた一日あたり、二九五九円になります。

A損保側の弁護士は、早く払いたいから、振込先預金口座を教えてくれと、FAXで伝えてきました。遅くなればなるほど、遅延損害金がふくらんでいきます。それを避けたかったのです。払わないと決めたときは、原告の女性を放火犯人呼ばわりしてまで払わなかったくせに、高裁判決が出て払わざるをえないとなったとたん、すぐにでも払うから口座を教えてほしいというのは、虫がよすぎます。

こういう勝手なことをいう者には、私はわざと引き延ばす戦略をとります。口座を教えなければ、振り込みようがないわけですから。

そのままA損保が払わなかったらどうするのか、と心配される方もいるでしょう。払わなければ、強制執行という法的措置をとりますが、A損保が払うことは目にみえていました。A損保は、執行停止決定を求めた際、一五五〇万円もの預託金を供託しています。判決で命じられた金額をこちらに支払わないと、その預託金を取りもどすことができないからです。

相手の支払可能日を二週間くらい先に設定した場合、約款上の支払日から実際の支払設定日までは、四年と一二四日になります。その遅延損害金は、約四六九万円にのぼりました。

損保は巨大企業ですから、振り込むには、関係部署の上司の決裁印がいります。支払いには、口座を連絡しても、それから三日くらいはかかります。そこで、支払設定日の二日か三日くらい前に、しかも相手方の弁護士やA損保の営業時間外にあたる夕方に、FAXを送信します。A損保が卑劣な手を使うなら、こちらは少しでも支払金を増やすために、いじわるで対抗する。そうでもしなければ、放火犯人扱いされた女性のことを考えると、私の腹の虫がおさまりませんでした。

こうなったら、紙代まで請求

勝訴判決では、通常、「訴訟費用」の支払いも命じてくれます。ここでいう「訴訟費用」とは、訴状に貼った印紙代や裁判所に納めた切手代、原告本人尋問のときに本人が出頭した日当、その交通費、代理人である弁護士の日当と交通費（これらはいずれも定額です）、それに書類の作成・提出費用です。私は書類の作成・提出費用を、紙代と呼んでいます。こちらの言い分を主張する書面を何通出したか、証拠となる資料は何通出しているかによって、決まってきます。紙代は、合計しても三五〇〇円程度の額にすぎません。

勝訴しても、多くのケースでは、印紙代や切手代は請求するものの、日当とか交通費、紙代などは請求しません。そこまでやるとなると、計算がややこしくなるからです。「訴訟費用」の金額について、相手方が異議を述べた場合、「訴訟費用額確定処分申立」というのを裁判所に出さなければなりません。この申立に対しては、裁判官ではなく、書記官が、代理人の出頭した回数や提出されている書類の通数を計算して、決定します。

この訴訟においては、A損保があまりにも悪辣な主張を展開し、高齢の原告女性の精神を蝕《むしば》んできました。火災のあと、女性は姉夫婦の家に身を寄せましたが、その姉は、ガンで裁判中に亡くなられています。亡くなる前、彼女は、妹がA損保側の弁護士から放火犯人のように悪しざまに非難されたことをひどく気に病んでいたといいます。一審、二審で勝訴したときは、そのつど、その女性のご主人が、妻の仏前に手を合わせ、妻の名を呼びながら、「やっと勝ったよ。安心して」「加茂先生のおかげだよ」と涙を流しながら報告したそうです。

数年前、原告女性を連れて、姉夫婦が私の事務所を訪ねてきた日のことを思いだします。

「この子（妹）がそんなこと（放火）するわけないのに。A損保の鼻をあかして、保険金を払わせるまでは、私は死んでも死にきれません」

姉の女性は、そう言い放ちました。そのときすでに、自分がガンであることを彼女は知っていたのでしょう。思い返せば、闘病生活のせいか、少しやつれていたようにみえました。裁判というものが、原告女性にはもちろん、その姉にも、相当な心理的負荷をかけたであろうことは、想像にかたくありません。

そういうことを聞かされていただけに、私は、原告の女性のために、一円でも多くとってあげたいという思いにかられました。

そこで、面倒でも「訴訟費用額確定処分申立」というのを行いました。それから二か月後、A損保は原告の女性に対し、一四万九〇〇〇円余りを支払えという処分が出ました。

A損保の支払いは、「主たる請求」分と「遅延損害金」の支払いが、こちらの支払設定日より二日遅れましたから（わざと遅れるように私が仕組んだのですが）、こちらの計算より二日分の遅延損害金約六〇〇〇円が加算され、合計約二二七〇万円が送金されました。後日、さらに「訴訟費用」として、一四万九〇〇〇円が支払われましたから、総合計二二八四万九〇〇〇円を獲得したことになります。女性が火災保険金を請求したとき、素直に払ってさえいれば、一八〇〇万円ですんだのです。原告の女性を放火犯人呼ばわりして、高裁まで争った結果、四八四万九〇〇〇円を多く払うはめになったといえます。

それでもA損保は、痛くも痒くもないでしょう。それが損保というものの体質だからです。おそらくA損保側の弁護士には、弁護士費用は、最初の低額な着手金をのぞいて、交通費やコピー代などの実費以外、ほとんど払われなかったのではないかと推測されます。この訴訟は、A損保がむきになって闘ったため、三年以上を要しました。それで代理人の報酬がゼロというのでは、損保側の弁護士なんかやっていられません。コンビニでアルバイトしていた方が、ましです。この弁護士が、アメリカにおける西部開拓時代の「荒野の用心棒」であったなら、クライアントであるA損保の担当者を、撃ち殺しているでしょう。

A損保は、心が痛まないのか、ですって？

痛むわけがありません。弁護士なんか、いまの世の中、使い捨て同然だと思っているのですから。

火災保険金を出させるための戦略のまとめ

1. 火災発生時の状況を、可能な限り、映像または写真に撮っておく。焼け跡の状況も、映像または写真におさめる。
自分が病院に搬送された場合には、家族、友人、知人に撮影を頼む。

2. 消防の火災原因に関する鑑定結果、警察の捜査結果の記録を保存しておく。

3. 損保側調査員の焼残物の採取には、必ず立ち会い、勝手に採取させない。採取する場合には、採取状況を映像に撮る。
もち去ろうとした場合、焼残物のサンプルは、二分の一をもらって保存しておく。

4. 保険金の請求にあたっては、口頭で保険金請求の意思を伝えるだけでなく、保険金請求書を配達証明付きで必ず元請保険会社へ発送しておく。

（注）これは、訴訟になった場合、遅延損害金の起算日を特定するうえで、大切になります。

5．不払い通知をうけても、あきらめずに訴訟にもち込む。
損保は、被災者の泣き寝入りを待っている。

第二章

台風被害を地震災害にすりかえる風災事故

台風で、別荘の門と納屋が倒壊

東日本大震災があった年の二〇一一年九月、関東地方に台風一五号が襲来しました。この台風の被害は甚大で、あちこちの樹木を根こそぎなぎ倒し、家屋を損壊させました。

K社は、当時、千葉県成田市内に別荘を所有していました。四〇六六平方メートルの敷地の中に、数寄屋門、母屋、納屋が建っています。このうち、数寄屋門と納屋が台風で倒壊しました。数寄屋門というのは、左右の柱をつなぐ瓦屋根のついた数寄屋造りの門です。和風建築の住宅では、いまでもみかけることがあります。

新聞やテレビで報道された周辺地域の被害の甚大さからすれば、誰もが自然災害としてうなずけるものでした。

この別荘には、二〇一一年七月、母屋だけでなく、門や納屋を含め、T損保の「住まいの保険」をつけていました。名称は各社で異なりますが、いわゆる住宅総合保険です。風災にも適用されることが、保険約款で明記されています。

保険金額は、三〇〇〇万円でしたが、倒壊した門や納屋の解体撤去工事費、数寄屋門と納屋の建替工事費として、合計一二四五万円がK社に発生した実際の損害でした。そこで、K社はT損保に、この分の保険金を請求します。

ところが、T損保からの回答は、目を疑うものでした。

問題の門や納屋は、九月の台風一五号で倒れたものではない。半年前の三月一一日に発生した東日本大震災の地震で倒れていた。よって、保険金は支払えない。それが「支払不能通知書」に書かれていた趣旨でした。

保険代理店は、契約前に対象物件が建っていたことを確認済

住宅総合保険の契約にあたっては、契約前に、保険代理店の者が現地に出向いて、対象物件を現認するのが決まりです。損保が作成した代理店向けのマニュアルにも、そう書かれています。はじめから倒壊している建造物や、存在していない物件に、保険をつけさせるという過ちを犯させないためです。

このケースでも、T損保の代理店の担当者が七月に現地を訪れ、対象物件の存在をその目で確認しています。

実は、K社の中で、保険をつける部門である総務部の担当者Nさんと、T損保の代理店の担当者E氏とは、高校時代からの友人でした。

この別荘の対象物件には、二〇一一年七月中旬まで、S損保の住宅総合保険がついていました。しかし、母屋に雨漏りが生じ、水濡れ損が発生したとき、S損保の対応がよくありませんでした。保険金の支払いに関し、なんだかんだといって、引き延ばしをされたのです。そこでK社は、二〇一一年七月中旬にS損保の保険期間が満了するのを機に、ほかのもっとましな損保に切り替えようと考えました。

上司からの命をうけたNさんは、いろいろ検討した結果、友人のE氏が扱っているT損保が一番信頼がおけそうだという結論に達します。何かあったら、E氏の計らいで、T損保からすんなり保険金がおりるようにしてくれるにちがいない。

そう考えて、T損保に切り替えたのです。

ところが、T損保は、S損保よりもさらに悪辣であることを、後日、思い知ることになります。

お前たちは、結託して保険金詐欺を企んだ

被災した一か月後、Nさんは、台風で倒れた数寄屋門と納屋の再調達費用の見積書を建築工事業者からとって、合計一二四五万円を、E氏を介して、T損保に請求します。

これをうけたT損保の横浜支店では、それからさらに一か月後、E氏とその上司にあたる代理店の社長、それにNさんを同支店に呼びつけ、査定担当の課長が、次のように糾弾しました。

「このケースは、EさんとNさんとで仕組んだんでしょ？　ちがいますか？」

「ちがいます。そんなことはしていません」

E氏は断言します。

「困るなあ、そういう嘘をいってもらっちゃあ。あなた方は、保険金詐欺を企んだんだ。目撃証言もとってある。詐欺未遂容疑で、お二人を告訴することだってできるんですよ」

「目撃証言って、何ですか」

Nさんが尋ねます。

「まあそれは、いずれ出るところへ出れば、わかるでしょう」

「詐欺は重罪です。一〇年以下の懲役だ。素直に認めて謝るなら、今回だけは見逃してやってもよいと思っています」

同席していたT損保の部長がいいます。

「保険金詐欺なんか、考えたことがありません。九月の台風で本当に倒れたんです」とE氏。

「あくまでもシラを切るつもりですか。七月に契約したばかりの対象物件が、九月の台風で都合よく倒れるなんて、おかしいじゃありませんか」

「そんなことといわれましても、倒れたものは倒れたんです」

E氏は、必死に抵抗しましたが、居並ぶT損保の面々は威圧的で、それ以上的確な言葉が思いつきませんでした。

「Eさん、あなたとNさんは高校時代からの友人でしたよねぇ」

「はい」

「だから二人で結託して、台風で倒れたように偽装した。そうでしょ？」

穏やかな口調で、課長はふたたび問い詰めます。

「友人ですけど、偽装工作なんかしていません。弊社としては、数ある損保を検討した結果、EさんがT損保の代理店の社員なので、友人の誼《よし》みで、貴社を選んだんです」

Nさんが説明します。

「『選んだ』とはねぇ。保険金詐欺を働く対象会社に選ばれた方は、たまったもんじゃないな」

課長がいいます。

この代理店は、T損保の数ある代理店の中でも、最優良代理店として、位置づけられています。

「社長。お宅とは長いつき合いだが、こういう犯罪者をかかえて、うちを食いものにするんだったら、お宅との代理店契約も見直さなければならない。社にもどって、よく考えてみることですね」

「はあ、……わかりました」

代理店の社長は、おとなしい方で、そうこたえるしかありませんでした。

東日本大震災の地震で倒れていた

保険事故においては、事故を偽装して保険金の不正請求に及ぶ悪い輩がいることも事実です。こういうケースを、「モラルリスク」と呼ぶことは、前章の二八ページで述べました。保険会社としては、そういう悪質なケースがごくたまにあるために、善良な市民による正当な保険金請求まで、歪んだ目でみる傾向にあります。保険金額が一〇〇〇万円を超える高額事案になればなるほど、その傾向が強くなります。

T損保から「保険金詐欺を企てた」などという、あらぬ疑いをかけられたNさんは、怒り心頭に発し、役員を連れて、私の事務所を訪ねてきました。

提訴に向けて事情を説明する彼の顔には、怒りと悔しさがにじみでています。

「台風で倒れたのは間違いないのに、こんないい方をするT損保は許しがたいですよ」

東日本大震災で建造物が倒れたのに、保険金が出なかったという話は、よく聞きました。

今回のケースはそれとは逆で、九月の台風で倒れたものを、三月の大震災で倒れていたことにされたというものです。

彼らが持参した資料をみていた私に、役員の方が尋ねます。

「勝てるでしょうか」

「勝てます。勝たなければならないケースです」

依頼人からの質問に対し、私はつねに明晰に回答するよう心がけています。たとえばこれを、

「さあ、勝てるかどうかは、やってみなければわかりません。まあ、五分五分でしょう」

とこたえたとします。これは、弁護士の逃げ口上であって、自信のなさを示していますす。これでは依頼人は、不安になります。お客様はいつだって、明晰な回答を求めているわけですから。二〇世紀最大の哲学者ともいわれるL・ヴィトゲンシュタインは、『論理哲学論考』の中で語っています。「表明されうることは、すべて明晰に表明されうる」と。私はいつも、自分の考えを、口頭であれ文書であれ、明晰に表明するよう心がけています。明晰さこそ、依頼人の信頼を獲得する最善の方法だと考えるからです。

T損保の考えた本件事故への見立ては、次のようなものでした。

NとEは高校時代からの友人である。そこでEは、Nのために手を貸すことにし、三月の大震災で倒れていた物件に保険をつけさせた。九月に、幸いにも台風一五号が関東に襲来したのを奇貨として、台風で倒れたことにでっちあげる。そうして、保険金請求に及んだ。保険の契約日は七月二一日であり、被災したといってきたのは、九月二一日である。その間、わずか二か月であり、契約日と事故日が近接している。こういう近接事故には、「モラルリスク」の疑いがある。

私にとって、ただひとつ、気になることがありました。

T損保の横浜支店に、NさんとE氏が呼びつけられたとき、T損保の課長がいったということばです。

「目撃証言もとってある」

提訴後のT損保による猛反撃

請求できる保険金の費目を調べてみると、次のように判明しました。

⑴　再取得価額としての損害保険金　一一四〇万円
⑵　残存物取片づけ費用保険金　一〇五万円
（注）解体撤去工事費に相当するものです。
⑶　臨時費用保険金　一〇〇万円
（注）これは、保険の対象建造物が倒壊した場合、それを使用することができず、不便をきたすことから、一〇〇万円を限度として、支払われます。本件については特約で、⑴の一〇パーセント（ただし、一般的には三〇パーセント）が支払われる旨規定されています。

このうち、⑵⑶は、⑴が支払われる際、それに付随して支払われます。

当初、K社では、⑴⑵だけが請求の対象になると考え、⑶を除いた一二四五万円をT損保に請求していました。

私はこれを見直し、T損保の免責金額五万円をさしひいて、⑴から⑶の合計一三四〇万円に、弁護士費用としてその一〇パーセントである一三四万円を加算した一四七四万円を請求する訴状を作りました。ここでいう「弁護士費用」とは、訴状に形式上のせたもので、実際にK社が私に支払うものとは別です。

保険金請求訴訟を提起したあと、T損保が答弁書で猛然と反論してきたのは、いうまでもありません。

T損保側の代理人は、四〇代とおぼしき女性弁護士が主任をつとめ、それより若い男性弁護士が担当アソシエイト（勤務弁護士、いわゆる「イソ弁」。比較的経験の浅い弁護士にこの呼称を使います）として、ついていました。

反論の骨子は、保険契約締結前の東日本大震災で倒れたものだという点にあります。

「住まいの保険」の申込みにあたっては、T損保の代理店の一員であるE氏が、現地に赴き、対象物件の存在を確認しています。代理店が行った行為の法律上の効果は、T損保に帰属します。従って、契約自体は有効です。それなのにT損保は、不埒にも、契約前に対象物は損壊していたという主張を展開してきました。その証拠に、近隣の住民に聞き込みをしたところ、数寄屋門と納屋は、東日本大震災のあと、倒れていたのをみたと、多くの人が証言しているといい張ります。

その住民とは、どこの誰なのか。

私は、T損保側の弁護士に迫りました。聞き込みをしたという住民の住所、氏名を明らかにするとともに、住民本人に、見たという内容を『陳述書』にしたためさせ、本人の署名と実印を押捺させて、住民票、印鑑登録証明書とともに提出せよと。

「調査員が近隣住民から聞き込みをしたなどというが、所詮、その内容は伝聞であり、本当に近隣住民がT損保のいうような話をしたかどうか、信用できないではないか」

近隣住民にとっては、K社とT損保の紛争なんか、関係ないことです。そんな裁判の巻きぞえを食うのはご免だと、誰もが思うでしょう。私には、わかっていました。住民の誰ひとり、『陳述書』など書くことを承諾しないと。ましてそれに自署し、実印を押して、住民票、印鑑証明まで添えるなんて、プライバシーを晒けだすようなものです。赤の他人であるT損保のために、そんな義理だてをする必要なんか、さらさらありません。

案の定、T損保は、訴訟の終盤に至るまで、住民からの『陳述書』は提出してきませんでした。

私は主張します。

「提出できないのは、そもそも近隣住民に聞き込みをしたこと自体、嘘であるか、仮に、一、二軒の方に聞き込みをしたことがあったとしても、東日本大震災で門と納屋が倒れていた、などという話は、誰も口にしていないからだと推定するほかはない」

台風で倒れたことの立証責任

T損保の主張は、悪あがきにしか思えません。しかし、これはまだ序の口でした。

このケースは、オール・オア・ナッシング（全か無か）の訴訟でした。K社が勝訴すればほぼ全額の保険金が認められる一方、敗訴すればゼロになります。その中間というのは、ありません。

台風で倒壊したという事実を、T損保が争ってきている以上、その事実の立証責任はK社側にあります。そうはいっても、大震災での津波や豪雨災害の川の氾濫のように、台風一五号の風雨で倒壊していく数寄屋門や納屋の様子を、映像に残してあるわけではありません。被害物件はK社の別荘であり、台風の接近は、ニュースで報じられていましたから、被災した当時、別荘には誰もいませんでした。監視カメラも、つけてはいませんでした。被害状況は、台風が過ぎ去ったあと、K社のNさんが心配になって別荘をみにいったとき、はじめて気づいたのです。倒壊した数寄屋門や納屋の写真は撮ってあります。

そうなると、台風一五号の襲来前には、門や納屋は建っていたということを証明すれば足りるということになります。

争点は、倒壊した原因が台風か地震か

保険契約の締結は、その年の七月二一日です。その直前に、T損保代理店のE氏が現地で、門や納屋が正常に建っていたのを確認しています。厳密にいえば、現地視察の日と契約締結日との間には、数日の誤差があります。では、その間に倒れてはいないということを証明しなくてよいのか、と心配される方もいるでしょう。

民事訴訟では、弁論主義といって、相手方が主張していない事実、争ってもいない事実については、立証を要しないとされています。

このケースでは、T損保側の弁護士は、「台風一五号ではなく、三、月、一、一、日、の、東、日、本

大震災の地震で倒れた」の一点張りで、ほかの要因で倒れたとの主張はしてきませんでした。

争点は、倒壊した原因が台風なのか地震なのか、この点に絞られていたのです。

母屋の屋根工事の写真に、数寄屋門と納屋が写っている

この別荘には、二〇一一年七月中旬まで、S損保の住宅総合保険がついていたことは、六六ページでお話ししました。実は、前年の二〇一〇年一一月、母屋の天井から雨漏りがし、室内が水浸しになりました。当時、S損保では、調査を理由に、母屋の修復工事費に相当する保険金約一二〇〇万円を出し渋っていましたが、その年の五月にようやく保険金を払いました。K社では、それを元手にして、六月から、母屋のガリバリウム鋼板屋根や傷んだ内装の工事に着手しました。屋根の葺き替え工事は、鉄骨の足場を組み、屋根部分にブルーシートを敷いて行われました。

六月半ば、Nさんは、現場を訪れ、工事人と一緒に屋根にのぼって、写真を撮ります。それは、工事の進捗状況を、上司や社長、会長に報告するためでした。

「二〇一一・六・一七」という日付の入った写真をみると、中央に母屋の工事中の屋根、その右下隅に数寄屋門、左上奥に納屋が、建った状態で写っているではありませんか。

これは一つ目の動かぬ証拠でした。

私は、写真とともに、S損保からの保険金の支払いを通知してきた文書、保険金が入ったときの預金通帳の写、母屋のリフォーム工事の請負契約書を提出します。これらには日付が入っており、東日本大震災後であることを明確に裏づけています。

サツキとシロツメクサが動かぬ物証

七月初旬、Nさんは、担当者として工事の完了を見届けるため、請負業者の方とともに、現地に行きます。そのときは、同僚の社員の家族も同行しました。この別荘は、社員向けの保養施設でもあったため、試験的に同僚が一晩母屋に寝泊りするつもりで赴いたのです。もし工事に不具合があるようでしたら、すぐ工事人に伝えて、直させる必要があります。

同僚は、奥さんと小学生の娘さんを連れてきました。

二人が、数寄屋門を背にした別荘の草地で遊んでいる様子が、同僚が撮影した映像や写真におさめられていました。

それをみると、奥さんも子供さんも半袖姿です。夏であることがわかります。背後には、何事もなかったかのように数寄屋門が建っています。

さらに、数寄屋門の下に写っている生垣には、ピンクのサツキが咲いています。二人が遊んでいる草地には、シロツメクサが開花しています。カメラを趣味としていた同僚は、クローズアップしたシロツメクサの花弁の写真まで撮っていました。

植物図鑑によれば、サツキの開花時期は五月下旬から六月初旬であり、シロツメクサの開花時期は五月から九月です。はっきりいえることは、東日本大震災の起きた三月一日には、これらの花は、まだ開花時期を迎えていないという事実です。植物の開花時期は、人為的に動かせるものではありません。

開花していたサツキやシロツメクサこそ、当時、数寄屋門が建っていたことの動かしがたい物証でした。

台風襲来時の被害状況のニュース報道と風力データを提出

訴訟が始まってすぐ、T損保は次のような反論を展開してきます。

「三月一一日に発生した東日本大震災の千葉県成田市における地震の強さは、震度六弱、マグニチュード九・〇であった。その地震でさえ倒れなかったものが、九月の台風の風圧で倒れるわけがない。台風一五号の風圧よりも、東日本大震災の圧力の方がはるかに強い」と。

母屋改装中の六月の写真に、建ったままの状態の数寄屋門や納屋が写っています。同僚が撮影した七月の映像や写真にも、開花しているサツキとシロツメクサの背後に、建った状態の数寄屋門が写っています。これらは理屈抜きに現実問題として、大震災後も対象物件が建っていたことを証明するものです。

裁判は、どこでひっくり返されるかわかりません。裁判官の中にも、非常識な人がいるからです。

相手が理屈でくるなら、こちらも理屈で切り返す。それにくわえて、こちらの理屈こそ正当であることを、現実の被害の大きさで証明してみせる。私は、それを試みました。

アメダスの最大風速表

2011年9月19日09時～21日24時　最大風速15m/s以上の地点

都県名　**千葉県**

市町村名	アメダス地点名	風向（16方位）	風速（m/s）	月日	時分
佐倉市	佐倉	南南西	15.9	09/21	20:03
成田市	成田	南南東	19.2	09/21	17:59
山武郡横芝光町	横芝光	南	15.8	09/21	18:08
鴨川市	鴨川	南南西	15.0	09/21	18:01

注: アメダスは観測地点が多いため、最大風速が15m/s以上の地点のみを掲載しています。

まず、台風一五号襲来時の関東地方の被害状況について、当時の新聞記事をインターネットで検索して確認します。

神奈川県藤沢市では、小学校の校庭にあったヒマラヤ杉が強風で倒れました。「あっ　倒れた！」という声まで、ユーチューブで聞こえてきます。さいたま緑のトラスト保全地では、竹六本、樹木五本が倒れています。このほかにもあちこちで家屋が倒壊し、樹木や電柱などが倒れている写真があります。被害の甚大さが、もっともよく伝わってくる写真入りの記事を、複数枚、証拠に仕立てます。

つづいて、私の事務所のパラリーガルの女性が、台風襲来時の風速データを、気象庁のホームページからみつけました。

それには、当日の風速が、場所ごとに出ています。成田市の該当物件の所在地の最大風速は、秒速一九・二メートルでした。これほどの強風が連続して吹きつづければ、風圧により、門や納屋が倒壊してもおかしくはありません。私は、この点を強調しました。

それ以前の台風の、もっと強い風速でも倒れなかった

すると、被告の弁護士は、平均風速が秒速一九・二メートルの場合には、せいぜいビニールハウスが壊れ始めたり、樹木の小枝が折れるとか、人が風に向かって歩けない、転倒するといった程度であり、木造の建造物が倒壊するまでには至らないと反論してきました。その証拠に、二〇一一年の二年前、二〇〇九年に関東甲信越地方を通過した台風一八号は、千葉県内を暴風域に巻き込み、アメダスのデータによれば、そのときの平均風速は、秒速二三・〇メートルで、二〇一一年九月の台風一五号より強かった。それにもかかわらず、本件門や納屋は倒れなかったではないか。

以前の台風の、もっと強い風速でさえ倒れなかった建造物が、それより弱い風速で倒れたというのは不合理だ、とT損保側の弁護士はいいます。

最大瞬間風速と最大風速のちがい

二〇一一年九月の台風一五号の「最大風速」は一九・二メートルですが、ここでいう「最大風速」とは、一〇分間の平均風速の最大値を指します。それに対し、「最大瞬間風速」というのがあります。これは、瞬間風速の最大値を意味します。「最大瞬間風速」は、平均風速の一・五倍から二倍近い値になることがあると、ある気象台のホームページには書かれています。

そこで、過去の気象データを、気象庁のホームページで再度あたってみました。

その結果、二〇一一年九月の台風一五号のときの「最大瞬間風速」に関し、次のようなデータがみつかりました。

二〇一一年九月二一日一七時五〇分「二九・八メートル」
同日一八時〇〇分「二九・三メートル」
同日一八時一〇分「二六・七メートル」
同日一八時二〇分「二七・三メートル」

気象庁　過去の気象データ

成田　2011年9月21日（10分ごとの値）

時分	降水量(mm)	気温(℃)	風向・風速(m/s)				日照時間(分)
			平均	風向	最大瞬間	風向	
17:50	4.0	24.1	18.0	南南東	29.8	南南東	///
18:00	4.5	24.2	19.1	南南東	29.3	南南東	///
18:10	2.0	24.3	15.4	南	26.7	南南東	///
18:20	0.5	24.3	16.7	南	27.3	南南東	///
18:30	0.0	24.4	15.4	南	26.7	南	///
18:40	0.5	24.4	16.9	南	27.3	南	///

同日一八時三〇分「二六・七メートル」
同日一八時四〇分「二七・三メートル」

これによれば、「最大瞬間風速」は秒速二九・八メートルであり、一〇分おきに烈風が吹き荒れていたことになります。しかも、気象データによれば、そのときの風向きは、南か南南東でした。

数寄屋門は、別荘への入口であり、周辺地域よりは数メートル上った高台に建っています。門へのアプローチは、車が入れるくらいの広さで緩やかな登り坂になっており、さえぎるものはまったくありません。アプローチの下から見ると、門は北側に位置しています。数寄屋門には、観音開きの扉がつけられていました。おそらく、その扉が、下から吹き上げてくる台風の烈風にあおられて、バタバタと揺れ、その風圧で門全体が倒壊したのでしょう。

納屋は、母屋からは少し離れた空地に建っていました。周囲には、風をさえぎる障害物は一切ありませんでしたから、秒速二六・七メートルから二九・八メートルの烈風に、一時間近く晒されつづけたと思われます。

最大瞬間風速が、二〇〇九年の台風のときより大きかったと主張しても、まだT損保は台風で倒れてはいないといいつづけました。風速は、地形や周りの建物などに影響される。この別荘の場合、周辺に存在する林や木々、民家が障害物となって、風速は観測所の値とは大きく異なっていたにちがいないと主張します。実は、別荘の隣に林があり、その樹木も根こそぎ倒れている写真を提出してありました。それをT損保側の女性弁護士は目にしているにもかかわらず、このような反論を展開しました。

K社のNさんは、苦々しい口調でいいます。

「隣の大きな杉の木がうちの別荘の敷地に倒れている写真を、相手の弁護士はみていないのでしょうか。何本も倒れているんですよ」

「わかったうえでいってきているんです」

「どういう神経をしているんでしょうね」

「無神経という神経でしょう。何かいわないと気がすまない。この女性弁護士は、そういう性格なんです」

別荘の地形を見える化するため、ナレーション入りの映像を撮る

別荘の地図や建造物の位置関係を示す図面は、とうに裁判所に提出済みです。しかし、よりはっきりと裁判官に理解してもらうため、私はNさんに、ビデオカメラで映像を撮るよう指示します。いまはなき数寄屋門へのアプローチからカメラを回し、門の跡地、母屋、倒壊した納屋、別荘地からは下方にみえる周辺の民家の状況、それに林のある隣地です。倒れた樹木はすでに片づけられていましたが、根本付近から折れたため、棘々しい木肌をいまだに晒しています。撮影にあたっては、ナレーションをつけるよう伝えます。ナレーションがないと、撮影者はどこにいて、被写体が何か、第三者にはよくわからないからです。ナレーションは、私が映画の台本を書くつもりで書きました。

撮影には、最低二人が必要になります。一人がナレーションを読み、それに合わせて

もう一人がカメラを回します。このとき注意すべきは、カメラがぶれないようにすることです。ぶれると、映像が横揺れし、みにくくなるからです。報道機関のカメラマンであれば、撮影に慣れているので、手ぶれを起こすことは少ないのですが、素人はそうはいきません。スマホを使って、しゃべりながら撮影するということも、不可能ではありませんが、ナレーションの内容を暗記するくらい徹底的に頭にたたき込んだうえで、かつスマホがぶれないように移動しながら撮影するというのには、相当な熟練と慎重さが要求されます。だから私は、ナレーションを読む人と、カメラを両手で固定して、移動しながら撮影する人の、二人が現場に赴くよう、お願いしました。

かつて、別の事件で、損保側が調査員の撮影した映像を出してきたことがあります。その映像は、少しの手ぶれどころか、被写体が地面から上空に飛び、また駐車場らしき空地が斜めに写されるといった有様でした。みている方は気分が悪くなります。こんなものをよく出してくるな、とそのとき思ったものです。

そういう経験もNさんにはお話しし、撮影終了後、録画された映像をみて、もしぶれがあったり、ナレーションと被写体が一致していなかったりした場合には、何回でも撮り直すよう指示しました。こうして出来上がった完璧な映像をＤＶＤ化し、裁判所に証拠として出しました。

学術的な研究報告書や論文を提出

さらに私のパラリーガルが、学術的な研究報告書を国立国会図書館でみつけました。台風による家屋被害と周辺地形、風向、風速との相関について、長崎大学工学部の研究報告が出ていました。

それによると、最大瞬間風速を記録した時点での、風向きの方向にある建造物にもっとも被害が拡大していること、風の進行を妨げるものが何もない場合や、建造物の手前に空地などがある場合、被害が集中するという調査結果が公表されています。

気象庁のデータや大学の研究報告書を、原告側の証拠として提出します。

こんなことは、いちいち学術論文を出さなくてもわかりきったことではないか、と思われる方もいるでしょう。しかし裁判は、証拠がものをいう世界です。常識人からみて当たり前と思われることでも、裏付証拠があるなら、出しておいた方が賢明なのです。

京都大学大学院工学研究科に在籍中の方と、同大学防災研究所の准教授の二人の研究者が著わした論文も、インターネットでみつかりました。「歴史的木造門建築物にかかる風力」と題するものです。それによりますと、要点として、次のことが書かれています。

＊「歴史的木造門の強風被害は、倒壊を含めて、歴史的木造建築物の中で最も多い。」

＊「浅草寺風雷神門では、風向0度のときの揚力は下向きに働く。風向角が大きくなるとともに特に揚力が増加し、それに伴い転倒モーメントも大きくなる。」

＊「浅草寺風雷神門では、屋根の飛散よりも全体の転倒の方が生じやすく、法隆寺中門は全体よりも二層の方が先に転倒する。また、門の扉を閉めた場合の方が開けた場合に比べ転倒しやすい。」

(京都大学大学院工学研究科修士課程　宮本誠弘氏、京都大学防災研究所准教授　河井宏允氏共述の前記論文より引用)

浅草寺風雷神門とは、浅草寺へ至る路地の入口の、通称雷門と呼ばれる赤い大きな門です。

歴史的な木造門は、本件数寄屋門よりはるかに巨大で、堅固です。それでも強風にあおられれば、倒壊の危険があることをこの論文は示唆しています。

この学術文献も、証拠として提出しました。

T損保は一級建築士の「意見書」で反論

これに対しT損保は、一級建築士に「意見書」を書かせ、提出してきます。

私は、これより先、台風による風圧力のかかり方と、地震による圧力とでは、圧力のかかり方がちがうということを強調していました。風圧は、建物という構造体に直接、横から圧力がかかるのに対し、地震は地面が振動する現象であるから、基礎の部分を揺らす。圧力のかかり方が根本的に異なるから、大震災の地震で倒れなかったものが、台風ごときで倒れるわけがないという論理は成立しないと主張しました。

T損保の依頼した一級建築士は、この考え方自体、誤っているといいます。彼は、「技術士意見書」の中で、建築物の構造を決定する構造計算にあたっては、風圧力と地震力を同じ水平力として検討するから、原告（K社）の主張は、建築物の構造設計を知らない的外れな主張だといってきました。

さらに「風圧力算定式」というのを用い、台風一五号により作用した風圧力を算定すると、数寄屋門が四七八キログラム、納屋は四二四キログラムだと推定しています。一方、地震による圧力も地震動の加速度変化を表す「gal（ガル）」という単位をひきあいに出し、それを「ニュートンの運動方程式」にあてはめて、東日本大震災時の地震力を推定したといってきました。それによれば、数寄屋門に作用した地震力は九三三キログラム、納屋に作用した地震力は二二九六キログラムだから、明らかに大震災の地震力の方が強かった。従って、二つの建造物は、地震で倒れたのだと結論づけます。

風工学の専門家に意見書の作成を依頼

こんなことをいわれると、黙っているわけにはいきません。素人目には、一見、もっともらしくみえるからです。

一級建築士であれば、建物の構造計算はするでしょうが、この人が風圧についてどの程度の専門性をもっているか、はなはだ疑わしい面があります。さらにT損保のいいなりに「技術士意見書」を書いた可能性も否定できません。裁判官は法学部の出身者であり、文化系の人間ですから、理科系の専門用語を使っても、すんなりとは頭に入りません。「信用できない」の一言で片づけるか、よくわからないまま盲信してしまうかのどちらかです。

T損保のいうような勝手な主張はいわせておけばよいという考え方もありますが、私としては、被告の見解を、あらゆる角度から粉砕しておきたいという思いがありました。裁判官が判決文を書く際、これでもか、これでもかというくらいの有利な証拠を積み重ねておいた方が、こちらを勝訴に導きやすいという読みがあったからです。

相手が、建築分野の専門家をまがりなりにもたててきた以上、それならこちらは、その上を行く風工学の専門家をたてる。私はそう考えました。

どんな分野にも、専門家はいるものです。それは大学教授のこともあれば、民間の研究機関のこともあります。インターネットで関連するキーワードを入れれば、研究者や研究機関の存在が浮かび上がります。その中から、実績があり、訴訟に耐えられる「意見書」を書いてくれそうな研究者を選びます。このケースでは、民間の研究機関に「意見書」の作成を依頼することにしました。というのも、代表者の方は風工学の専門家として、博士号をもち、論文も多く、何よりも巨大建築物への風圧などを設計段階から解析してきた実績があったからです。関わった建造物には、六本木ヒルズ、東京スカイツリーをはじめ、有名な高層ホテルやタワーマンションがあるほか、東京地裁が入る裁判所の合同庁舎の設計にも携わっていました。裁判官にとっては、自分がいま執務しているビルの構造計算にまでタッチしていたというのは、非常に説得力のある専門家だといえます。

私は、パラリーガルとともに、その研究機関を訪ねました。

予め、訴訟の事情を電話で説明してありました。いま何が問題になっているのか、T損保側が出してきた「技術士意見書」の内容は、工学的に正しいといえるのか、その争点をまとめた文書や証拠資料を事前に研究機関に送っておきました。

研究所の所長をつとめる博士（工学）号をもつ男性は、威張ったところがまったくなく、とても温厚な人物でした。彼は、私の意を酌み、「一級建築士・気象予報士・環境計量士」の資格をもつ環境調査部のリーダーをつとめる男性も同席させました。

所長はいいます。

「被告が提出してきたという『技術士意見書』ですが、完全に間違っていますね」

T損保側「技術士意見書」の誤りを指摘

三週間後、私は、こちらで依頼した風工学の先生方の「意見書」を東京地裁に提出します。先生方は、T損保側の「技術士意見書」の誤りを、的確に、短い文章で指摘しています。

誤りは、どの点にあるか。

「技術士意見書」では、

①建設省告示による地域別の基準風速を用いるべきなのに、それが用いられていない。

「わかりやすくいえば、ある土地で建築物を計画した場合の風圧力を求める計算式が、『技術士意見書』で引用している計算式であって、それは今回のように台風一五号が吹き荒れたときの、その風圧力を計算する計算式ではない。だから、まったく場違いな計算式を引用していることになる。」

②ガスト影響係数が考慮されていない。

「風には強弱がある。そこで、風を受けて建築物が揺れた場合、どのくらいの力が働くかを計算するための係数が、ガスト影響係数である。瞬間的に大きく働く風圧力について考慮したものである。建設省の告示では、地域別の基準風速とガスト影響係数を用いて、当該地点の風の状況を設定するのが、風圧力を求める考え方の基本とされている。

『技術士意見書』は、その方法に準拠していない。」

③風力係数（cf）というものが、まったく計算式に入っていない。

「風力係数とは、建築物の高さおよび部位に応じて風が与える圧力が異なるため、それぞれの高さおよび部位ごとに風圧力を計算するための係数である。例として、五〇階建ての高層ビルを考える。この場合、五〇階の壁面に当たる風圧力と、二階の壁面に当たる風圧力とでは、当然風圧力が異なる。つまり各階に当たる風圧力というものは、それぞれの高さおよび部位によって異なるのである。そこで、その建築物がどのくらいの高さなのか、そして、その内のどのくらいの高さの部位に、どの程度の風圧力がかかるかを計算するための係数が風力係数である。この風力係数を計算式に組み込まない限り、風圧力は正しく計算されない。」

『技術士意見書』では、風力係数（cf）を用いた形跡がない。

④「以上の三点から、『技術士意見書』の見解は、風工学の見地からみると、完全に誤っている。」

（株式会社風工学研究所・代表取締役所長宮下康一氏、及び佐々木亮治氏作成の「意見書」より引用）

（注）前頁括弧書きの部分は、作成者である両先生より了承を得て、引用させていただきました。

専門的領域の「意見書」は、素人にはわかりにくい計算式を引用しますから、文章が長くなりがちです。その点、この先生方の「意見書」は、Ａ４判用紙二枚半におさまっていました。しかもわかりやすい文章で書かれていました。わかりやすいというのは、裁判官にとっても、頭に入りやすいことを意味します。

これで、風圧力の問題は、決着がついたはずでした。

さながら、第三次川中島の戦いの様相を呈す

ところが、被告側はまだあきらめず、こちらが提出した風工学の専門家の「意見書」に対し、「技術士意見書」を書いた一級建築士の「反論書」なるものを提出してきました。それは長文で、一読するのも骨が折れるものでした。被告Ｔ損保の代理人は、この

「反論書」をベースにした主張を展開してきます。

そこで私は、風工学の専門家の先生方に再登板してもらうことにしました。一級建築士の「反論書」の誤りを指摘し、被告の主張を論破するための「意見書（2）」を書いてもらいます。

こうなると、風工学のプロフェッショナル対風工学が専門ではない一級建築士の論戦になります。これはさながら川中島の合戦のように、終わりなき戦い、仁義なき戦いの様相を呈してきました。

はっきりいえることは、T損保が送り込んできた専門家は、一級建築士というだけで、風工学の専門家ではないという点です。勝負はみえていました。裁判官は、より専門性の高い人の意見に耳を傾けるからです。

免責事由の立証責任

今回の風災事故の場合、台風で倒れたこととの立証責任がK社側にあることは、七六ページで述べました。こちら側では、その立証を尽していました。何よりも、その年の六月に施工した母屋の屋根工事のとき、上から撮った写真に、建った状態の数寄屋門と納屋が写っています。それにくわえて、七月に同僚が撮影した写真には、数寄屋門を背景に、手前の生垣には、開花したサツキが写っています。別荘の芝生には、白い花弁をつけたシロツメクサが咲いていています。植物の開花時期は、人為的に前倒しできるものではありません。半袖姿で遊ぶ同僚の奥さんと娘さんの姿も、写真で確認できます。

これでもなお、台風で倒れてはいない、つまり、三月一一日の地震で倒れたのだから免責だとT損保がいいたいのであれば、免責事由の立証責任はT損保側に移ります。

T損保の弁護士が、執拗なまでに、地震で倒れたことを証明しようとしたのは、免責事由の立証責任がからんでいたからです。

正面突破が無理だと知ると、背後からの奇襲戦法にでる

風圧力の問題で分が悪いと思ったからか、被告側弁護士は、建っていた状態の写真の門と、倒壊後に、T損保側の調査員が現地に出向いて撮影した門の写真とでは、状況にちがいがあるなどといいだしました。

貫《ぬき》の位置がちがうというのです。貫とは、左右の柱をつなぐ横木のことです。さらに倒壊前と後とでは、柱の太さが異なっているうえに、倒壊後の写真をみる限り、門の一部にちがう材質の木が使われている。この門は杉材で造られていたはずだが、一部が檜材になっている。倒れた柱の断面からそれがわかる。柱の土台であるコンクリートの状況が、比較的新しく、この門が建てられたころからの経過年数にてらすと、不自然である。また倒壊後の門には、ついていたはずのしゃちほこや、のし瓦が見られない。

これらのことから、K社側では保険契約後に門自体を建て替えたか、大がかりな修繕を施した可能性が高い。保険契約の対象となっていた門と、倒壊したという門は別のものである。従って、倒壊したという門は、契約の対象物ではないから、T損保に保険金を支払う義務はない。

仮に同一の門であったとしても、修理の着工には、保険約款で予めT損保の承認を得なければならないことになっている。しかし、事前にT損保に、修理についての連絡はきていない。してみると、K社は約款に違反しており、この点からもT損保は免責される。

これが、新たにくりだしてきた相手方弁護士の主張でした。

母屋屋根工事のとき行った門の補修工事

台風一五号が襲来する約一か月前の八月半ば、K社では、数寄屋門の補修工事をしていました。母屋の、ガリバリウム鋼板屋根の工事中に、視察にきたK社の会長が、工事会社の代表者にいったのです。

「数寄屋門だがな、扉が風でバタバタ揺れる。台風なんぞがきて、風にあおられて門が倒れるといかんけん、できるだけ安い費用で、うまいこと補強してくれんか」

八〇歳近い会長は、これまでにも別荘に寝泊りした際、吹き上げ風にあおられた門の扉が、揺れる光景を目にしていました。

「わかりました。屋根工事が完了したら、やらせていただきます」

工事会社の社長はこたえました。

こうして、その年の八月中旬、現場対応での門の補修工事にとりかかります。現場対応というのは、きちんとした図面など作らないで、現場の状況を確認しながら、補強すべき部位に、適宜補強材を入れたり、部分的に新しく作り直したりする工事をいいます。さっそくK社のNさんは、代理店のE氏に連絡し、補強工事をすることの承認を求めます。

「強度が強くなるような工事だったら、構わないですよ」

E氏は回答しました。

彼は「陳述書」の中で語っています。「対象物の強度を弱めるような工事だったら、倒れたりする危険が増大しますが、逆に強める工事だったら、危険は減少します。このようなケースについては、代理店としては、いちいち元請保険会社には通知しておりません。それが保険実務の慣行であり、現在でもそのように運用しております。」

代理店のE氏が改修工事について承認したということは、T損保が承認したのと同様の意味をもちます。工事についての連絡を元請のT損保にしなかったのは、E氏の判断であり、K社が責められるいわれはありません。改修工事の連絡をK社が直接T損保に伝えなかった点をとらえて、約款違反だというのは、T損保側弁護士の苦しまぎれの反撃でした。

工事会社は、数寄屋門の貫を新しい木材でさしかえ、柱も、土台のコンクリートを解体して、檜材で作り替えました。コンクリートが新しくなったり、柱が太くなったりしたのは、こうした事情からです。もともと、ついていたしゃちほこや、のし瓦が、T損保側の調査員がきたときなくなっていたのは、倒壊時に粉砕したため、K社の人間が片づけたからにすぎません。

工事を請負った施工業者の方は、「陳述書」の中で語っています。

「改修し、補強工事をしたのに、それでも門が倒れたということは、台風一五号の勢力がいかに大きかったかを物語っています。」

間接証拠としての不払い記事

損保の不払いが新聞で報じられた場合、私は切り抜いて、ファイルに保存するようにしています。いつか訴訟で使う日がくるかもしれないと思うからです。

T損保側の女性弁護士が、次から次に矢を放ち、難癖をつけてきていたため、私のストレスの潮位もかなり増してきていました。

長年、弁護士をしていますと、人と人との諍《いさか》いばかりを扱っているせいか、訴訟によるストレスの耐性が、法曹界以外の人よりはできているように感じます。しかし、このケースは別でした。

訴訟が進行中の二〇一四年二月六日、T損保にとっては信用を失いかねない、こちらにとっては好都合な記事が、朝日新聞の夕刊一面に載ります。自動車保険の保険金の一部を支払っていないことが判明したというのです。同社は、二〇〇五年、金融庁の指示で、過去三年分の「不払いは約一万八千件あった」としか公表していませんでした。しかし、二〇〇二年四月から二〇〇三年六月までの間だけで、実際には「不払いは最大で一三万件あった可能性がある」と朝日新聞は指摘しました。

この記事は、T損保が、本来払うべき保険金を払わない体質であることを示しています。記事は、K社の訴訟には直接には関係しないものの、T損保はそういう悪質な会社ですよ（従って、今回の保険金不払いも、そういう体質からきています）ということを裁判官に理解してもらうには、格好の間接証拠といえます。

数日後には、さらに「不払い　別の特約も」という記事が同紙に載り、とうとうT損

東京海上不払い13万件か

自動車保険 未請求 公表せず

東京海上日動火災保険が、自動車保険の保険金の一部を支払っていないことが6日わかった。2005年に保険各社で不払い問題が発覚し、金融庁の指示で調査したが、公表しなかった不払い分が最大で13万件に上る可能性がある。同社は今後、契約者の請求に応じて支払う方針だ。

不払いになっているのは、自動車事故の相手方に払う見舞金などを保障する「対人臨時費用」。自動車保険にセットで組み込まれることが多く、最大10万円程度が支払われる。東京海上日動は05年、金融庁の指示で02年4月～05年6月の3年分を調査。当時は、「不払いは約1万8千件あった」としか公表していなかった。

しかし、この1万8千件は大半が、03年7月以降のものだった。それ以前の02年4月～03年6月にも不払いがあったのに、請求がなかったものについては公表していなかった。同社は「03年6月以前は、契約者から別途請求がなければ、支払わないことにしていた」と説明している。ただ、保険の約款には「別途請求が必要」といった記載はなかった。

東京海上日動によると、03年7月に社内制度を見直して、請求にかかわらず支払うことにした。しかし、それ以前の分は社内では「不払い」とはみなさず、公表しなかったという。

02年4月～03年6月の間に、こうした不払いは最大で13万件あった可能性がある。同社は今後の対応について、「03年6月以前の分も契約者の請求があれば支払う」としている。この費用を巡っては05年に他の損害保険大手も不払いを公表しており、三井住友海上火災保険とあいおいニッセイ同和損保は「すでに公表した以外の不払いはない」としている。（篠健一郎）

朝日新聞／2014年2月6日　夕刊

不払い　別の特約も

東京海上、最大2.5万件

自動車保険で最大12万件の保険金の「不払い」が明らかになった東京海上日動火災保険は10日、別の2種類の保険でも最大2万5千件の不払いがあったと発表した。東京海上日動はこの保険の関係資料も廃棄してしまったが、契約者が請求に必要な資料を保管していない場合でもできるだけ支払いに応じるようにするという。

新たに不払いが発覚したのは、事故で契約者や同乗者がけがをした時の入院費の一部などを補償する特約「人身傷害臨時費用」の最大1万5千件と、事故で相手の車や家屋などを壊した場合の見舞金などを補償する特約「対物臨時費用」の最大1万件。いずれも2002年4月～03年6月に事故が起きた契約の分だった。

この期間の契約について東京海上日動は7日、事故でけがをさせた相手への見舞金を補償する特約「対人臨時費用」で最大12万件の不払いがあったと公表していた。だが、その後の社内調査で、今回発表した二つの特約でも不払いがあることがわかったという。

今回の二つの特約も、03年6月までは「契約者からの請求がないものは（支払い義務がないから）払わない」として扱っており、金融庁が命じた05～06年の不払い調査の対象から外していた。

問い合わせは、東京海上日動のフリーダイヤル（0120・490・015）。平日は午前9時から午後8時まで、土日と祝日は午前9時から午後5時まで対応する。（篠健一郎）

■「不払い」が発覚した東京海上の自動車保険特約

特約名・補償の内容	不払い件数
対人臨時費用 けがをさせた相手への見舞金などを補償	ほとんどの自動車保険に自動的にセットされており、最大12万件
人身傷害臨時費用 契約者や同乗者がけがで入院した時にかかった差額ベッド代などを補償	自動車保険で人身傷害補償を付けると自動的にセットされ、最大1万5千件
対物臨時費用 車や家屋などを壊した相手への見舞金などを補償	自動車保険の対物補償でこの特約を選んだ人にだけセットされ、最大1万件

朝日新聞／2014年2月11日

自動車保険「臨時費用保険金」のお支払いについて

ご契約者の皆様へ

この度の当社の保険金支払いに関する一連の報道につきましては、多大なるご心配をお掛けしておりますことを、心よりお詫び申し上げます。

現在、当社は、過去のご契約や事故の内容等を把握するため、あらゆる角度からデータの収集・修復に全力で取り組んでおります。

当社は、本件につきまして、引き続き誠実かつ真摯に対応していく所存です。

具体的な対応の方法等につきましては、決定次第、改めて広告等でご案内申し上げます。
ご不明な点につきましては、下記のフリーダイヤルにお問い合わせいただきますようお願い申し上げます。

(※)自動車保険「臨時費用保険金」とは
自動車に関する事故で、お客様が臨時に必要とする費用をお支払いするものです。

東京海上日動火災保険株式会社

[フリーダイヤル] **0120-011-110** または **0120-490-015**
[受付時間] 平日 午前9:00～午後8:00　土日祝 午前9:00～午後5:00
[ホームページ] http://www.tokiomarine-nichido.co.jp/

朝日新聞／2014年2月11日

保自らが、契約者に向けてお詫び広告を出す始末となります。

私はさっそく、それら一連の切り抜きを、証拠として提出することにしました。

弁論準備手続から証人尋問へ

民事訴訟では、初回である第一回口頭弁論期日は公開の法廷で行うものの、二回目以降は、法廷ではなく、準備手続室と呼ばれる小部屋で行うことが、圧倒的に多いといえます。このような審理の進め方を、弁論準備手続といいます。弁論準備手続では、通常の応接テーブルくらいの大きさのテーブルをはさんで、原告と被告のそれぞれの代理人が対峙し、裁判官が中央の位置に座ります。裁判官は、双方の意見を聞きながら、問題点を指摘し、今後の立証を促したりします。法廷で行う場合は、担当部の開廷の曜日が決まっていますが、弁論準備手続であれば、期日を自由に決められますので、審理の迅速化に役立つというメリットがあります。

この訴訟でも、お互いの主張を記載した書面（これを「準備書面」といいます）や証拠資料は、期日の前に裁判所や相手方に送っておいて、その確認は、すべて弁論準備手続で行われてきました。

こうして、双方の主張、反論、それを裏づける証拠資料が出つくしたところで、証人の採否が決定されます。裁判官が採用を認めた証人は、K社のNさん、T損保代理店のE氏、母屋の屋根工事や数寄屋門の改良工事を請負った工務店の社長と、T損保側の調査員でした。

原告側証人に裁判外で接触を試みた調査員

証人尋問を控えた五日前、Nさんから電話が入りました。

T損保側の調査員が、工事を請負った工務店の社長の携帯電話に連絡してきて、今日、これから会いたいといったというのです。

「調査員は、どうやって彼の携帯番号を知ったのですか」

「それが、会社に電話してきて、火急の用で社長にお会いしたいといったそうです。電話に出たパートの女性が、気をきかせたつもりで、彼の携帯番号を教えてしまったのです。社長は、今日は柏市の現場にきているので、現場でなら会ってもよいといってしまったと。その連絡が私に入り、ちょっと待てよ、先生に伝えておいた方がよいのではないかと思いまして」

私はびっくりしました。これまでの弁護士人生の中で、相手方の証人がこちら側の証人に、尋問前に接触してくるなどということは、なかったからです。

私はすぐ工務店の社長に電話し、裁判中だから、相手の調査員とは絶対会わないようにと釘をさしました。

「相手から、何か訊かれましたか」

「いえ、数寄屋門の改良工事のことで、二、三、確認しておきたいことがあるので、今日これから、お会いできませんか、というんです。最初は断ったんですが、あまりにもしつこいので、現場でなら会ってもいいといったんです。そうしたら、柏までくるというんです」

「でも、現場がどこか、先方は知らないでしょ」

「柏駅に着いたら再度電話するといってました。いまごろはもう、柏に向かっているんじゃないですか」

「強引な男だな。そいつの着信履歴は残っているでしょうから、その番号からの通話は着信拒否に設定して下さい」

「わかりました」

電話を切ると、私はT損保側の女性弁護士に電話して、猛然と抗議しました。

女性弁護士は悪びれた様子はまったくなく、被告側の証人予定者が、原告側の証人予定者と裁判外で会おうと自由ではないか、と開き直る始末です。

「こういうことは、訴訟で争っている手前、モラルに反するじゃありませんか。そんな姑息な手を使わないで、次回の証人尋問の際、堂々と反対尋問で訊けばいいでしょ」

「調査員から、『会ってもよいか』と電話があったので、相手がＯＫするなら会ったって構わないですよ、とこたえたまでです。それのどこがいけないっていうんですか」

「そっちがそういう態度なら、会わせないだけです」

腹立たしい思いで、受話器を投げつけました。

お得意様損保のためなら、平気で偽証する調査員

弁護士にとって、証人尋問ほど気をつかうシーンはありません。弁護士席からこちらが質問し、証人席の証人がこたえる。そのこたえ方ひとつで、裁判官の心証が、がらりと変わってしまうからです。嘘をついているようにとられたら、勝てる訴訟も負けてしまいます。これは、法廷での一発勝負です。

こちら側の証人については、事前にオフィスに呼んで、尋問のリハーサルを行います。想定問答を作り、質問にどうこたえるか、相手方代理人からの反対尋問で、この点を突

かれたらどう証言するか、反復練習を行います。

しかし、オフィスと法廷とでは、雰囲気が全然違います。映画やドラマであれば、ワンシーンを撮るのに、何度もリハーサルを行い、監督のOKが出てはじめて、「本番いきまーす」という助監督の掛け声がかかります。俳優たちは、いま演じたばかりのセットの中で、もう一度、気持を込めて演じればすみます。

ところが、法廷となるとそうはいきません。法廷なんか、入ったこともない人が大半です。緊張のあまり口が乾き、どぎまぎし、リハーサルでやりとりした質問に対するこたえが、スムーズに出てこない人もいます。

身だしなみにも気を配らなければなりません。ダークスーツに白色系のワイシャツ、地味系のネクタイが鉄則です。これは、まじめさを印象づけるためです。最近では、男性でもネックレスをする人がふえていますが、お堅い裁判官の前では、そういうファッションは控えた方が無難です。トラディショナルな服装の方が、裁判官には好感がもてるからです。

さらに、被告側証人にプレッシャーを与えるため、私はK社側の社員を一〇人くらい駆り出して、傍聴席に座ってもらいました。そのなかには女性も含みます。服装も、健全で、いたってまじめなビジネスマン風、キャリアウーマン風にみえるよう、装ってもらいました。全員が、自分の会社にかかわるこの訴訟の成りゆきに強い関心を抱いていることを、裁判官に印象づける狙いもありました。

尋問内容や服装についてまで、細かな注意を与えてのぞんだ証人尋問期日。こちら側の証人は、ほぼ完璧な証言をしてくれました。

T損保側調査員を尋問したときです。

被告代理人の弁護士からの質問には、淡々と、打合せ通り発言している印象がありました。

原告代理人として、私が反対尋問のために立ち上がると、彼はあからさまな敵意の眼《まな》差《ざ》しを私に向けました。

調査員が書いた「陳述書」を、私は証言台の前に広げます。「陳述書」には、別荘の近隣の住民四人が、東日本大震災の地震で納屋や数寄屋門は倒れていたと証言していることが書かれています。

「あなた、さきほど、被告代理人の質問に対し、近隣の住民一二、三人に聞き込みをしたが、納屋や門が地震で倒れていたといったのは四人だけで、あとの八、九人は、よくわからないとこたえたといいましたね」

「はい」

「ということは、聞き込みをした人の三分の二は、よくわからないとこたえ、三分の一の人だけが倒れていたといったということでしょ」

「はあ」

「でも、そういうことは、あなたの『陳述書』には書いてないじゃないですか。どうしてですか」

調査員はしどろもどろになりました。要するに、被告代理人の女性弁護士が、四人もの人が「倒れていた」といったという点だけがクローズアップされるよう、調査員の「陳述書」を創作したのです。

聞き込みには、三回行ったと彼はいいます。しかも三回目は被告代理人も同行したと。

「そのときの天候は？」

彼はうろたえます。

「……さあ、覚えていません」

「四人の住所と氏名は？」

「それはいえないですね。名前は出さないというお約束でしたから」

「風体、年齢、性別、それもいえないのですか」

「うーん……」

彼はこたえに窮します。

「聞き込みに行ったときの様子を映像とか写真に撮ってはいないのですか」

「撮ってはいません」

聞き込みに行くとしたら、警察の犯罪捜査は別として、ふつうは一回だけです。三回も行ったというのは、不自然です。一回だけ、周辺住民にあたってみたところ、ほとんどの人が、よく覚えていないというので、四人だけ地震で倒れたといってくれたことにしたのでしょう。二回、三回と聞き込みに出向いたというのが、仮に真実だとするなら、調査員の報告内容を怪しんだT損保側で、再調査を命じたのだと推測されます。

損保側調査員の聞き込み調査などに、弁護士まで同行するというのは異例です。せっかく同行したのであれば、聞き込みをしている様子を遠距離から望遠で、映像におさめておけばよいものを、被告代理人の弁護士には、そこまでの知恵が働かなかったと思われます。

裁判官からの質問に対し、調査員は、地震で倒壊したといってくれた住民の住所、氏名、電話番号は、メモに残しているが、それは提出できないといいます。提出しないなら、立証がないのと同じです。T損保の調査員に対する調査依頼の趣旨も、次のようなものだったことが、彼の証言から浮かび上がってきました。

「台風により納屋と門が倒れたという理由で保険金を請求されているが、東日本大震災の地震で倒れた可能性もある。事実関係を確認してほしい」

依頼の本意は、地震で倒れたことになれば、保険金を支払わなくてすむので、その証拠をみつけてほしいという点にあるのは、明らかでした。

それを察した彼は、T損保に気に入られるよう、目撃住民がいるかのように偽装した調査報告書を、でっちあげたのにちがいありません。しかし結局、住民を巻き添えにして化けの皮がはがれるのを怖れてか、T損保側は、その報告書を提出してはきませんでした。

すべての尋問が終わったとき、私は、裁判官に視線を送りました。その顔の表情から、確信しました。「勝てる」と。

裁判官は、檀上の訴訟記録を閉じ、いい放ちます。

「次回、和解期日を入れます」

和解勧告

和解交渉は、東京地裁の場合、弁論準備手続室で行われます。原告と被告の双方の代理人が、別々に裁判官と面談します。

先に被告代理人が呼ばれ、つづいて私が呼ばれました。

「一三四〇万円でどうでしょう」

裁判官はいいます。一三四〇万円は、今回の保険金請求額通りです。しかし私は、即答を避け、少し不満をにじませます。というのは、遅延損害金や弁護士費用は除外され

郵 便 は が き

料金受取人払郵便

代々木局承認

6948

差出有効期間
2020年11月9日
まで

1 5 1 8 7 9 0

203

東京都渋谷区千駄ヶ谷 4 - 9 - 7

(株) 幻 冬 舎

書籍編集部宛

1518790203

ご住所 〒

都・道
府・県

フリガナ
お名前

メール

インターネットでも回答を受け付けております
http://www.gentosha.co.jp/e/

裏面のご感想を広告等、書籍の PR に使わせていただく場合がございます。

幻冬舎より、著者に関する新しいお知らせ・小社および関連会社、広告主からのご案内を送付することがあります。不要の場合は右の欄にレ印をご記入ください。

不要 □

本書をお買い上げいただき、誠にありがとうございました。
質問にお答えいただけたら幸いです。

◎ご購入いただいた本のタイトルをご記入ください。

『　　　　　　　　　　　　　　　　　　　　　　　　　』

★著者へのメッセージ、または本書のご感想をお書きください。

●本書をお求めになった動機は？

①著者が好きだから　②タイトルにひかれて　③テーマにひかれて
④カバーにひかれて　⑤帯のコピーにひかれて　⑥新聞で見て
⑦インターネットで知って　⑧売れてるから／話題だから
⑨役に立ちそうだから

生年月日	西暦　　　年　　月　　日（　　歳）男・女			
ご職業	①学生	②教員・研究職	③公務員	④農林漁業
	⑤専門・技術職	⑥自由業	⑦自営業	⑧会社役員
	⑨会社員	⑩専業主夫・主婦	⑪パート・アルバイト	
	⑫無職	⑬その他（　　　　）		

このハガキは差出有効期間を過ぎても料金受取人払でお送りいただけます。

ご記入いただきました個人情報については、許可なく他の目的で使用することはありません。ご協力ありがとうございました。

ていたからです。もっとも、和解というのは、互いに譲り合って話をまとめるものですので、遅延損害金や弁護士費用は含まないのがふつうです。特に後者は、交通事故などの不法行為の損害賠償請求では、判決の際、認定額の約一〇パーセントを認めてくれますが、保険金請求訴訟では、認める例は少ないのが実情です。しかし、遅延損害金は、判決になれば認めてもらえます。

「一応、K社に話してみましょう。T損保には、保険金詐欺のようないわれ方をされましたし、被告代理人にも、調査員名義のいいかげんな『陳述書』を作られたり、調査員からこちらの工事関係者に訴訟外で電話されるなど、相当不快な思いをさせられてきました。いまとなっては、保険金額通りだからといって、すんなり和解に応じられるかどうか、わかりません」

これは、和解を蹴って判決を求めることになることを暗に含んだ、戦術としての語りです。

それを察して、裁判官はいいます。

「判決になった場合、原告が勝つという保証はないんですから、なんとか原告側を説得して下さい」

なにをいまさら、と思いました。保険金の請求額の全額を認めた形での和解案を出しているということは、裁判官の心証は一〇〇パーセント、原告勝訴に傾いているという証しです。判事は、私よりはるかに若い四〇代とおぼしき男性でした。判決になれば、こちらが勝訴する見通しは、私にはついていました。それなのに、「判決になった場合、原告が勝つという保証はないんですから」としらじらしいことをいいます。えげつない男だなと、ムカッとしました。パワハラの一種といえるでしょう。

和解交渉の際、裁判官は双方を合意に導くため、次のような手を使います。原告側には

「判決になったら原告が勝つかどうかわかりません。仮に勝っても、高裁でひっくり返るかもしれないでしょう。それくらいなら、和解したほうが得策ではありませんか」

などといい、

被告側には、

「判決になったら、被告は負けますよ。そうなれば、遅延損害金もつきますから、さら

に高額を払うことになるでしょう。そのリスクを考えたなら、和解案を了承していただくのが最善の選択だと思いますよ」

と脅します。

このような二枚舌の説得を、元東京地裁判事で、明治大学法科大学院教授の瀬木比呂志《せぎひろし》氏は、著書『絶望の裁判所』（講談社現代新書）のなかで、「和解の強要、押し付け」（一三三頁）というタイトルのもと、次のように問題点を指摘しています。

「日本の裁判所における和解は、当事者が交互に裁判官と面接し、また、かなりの期日を重ねることが多いが、これは決して国際標準ではない。アメリカを始めとして多くの国では、和解は必ず当事者双方対席で行われるし、裁判官が長時間かけて当事者を説得するなどといったこともない。裁判官が当事者の一方ずつと和解の話をすること自体が重大な手続保障違背である、つまり、手続上の問題があるとする考え方が普通である。相手方はその内容を全く知りえないからである。

日本では、近年、裁判迅速化の要請を背景に、和解礼賛の考え方が学者の間にさえ強まっているが、ここには大きな落とし穴がある。」

こういうやり方は、刑事事件についての、検察側の取調べでも行われてきました。AとBの二人の共犯者が、ある殺人を犯したとします。二人とも、否認をしています。AとBは別々の獄舎につながれていますから、接触することはできません。取調べも別々に行われます。二人とも、かたくなに自白しない場合、検事は、より落としやすいBに対して、告げます。

「Bさんよ。共犯者のAはもう自白して、お前と共謀してやったと認めた。お前も早く自白して、楽になったらどうだ？　ええ？」

そう聞かされて、Bは、Aが自白したんだったらもう否認しても無駄だろうと観念し、自白に追い込まれます。

その自白調書を武器に、検事はAを落としにかかります。

「Aよ。共犯者のBはとっくに自白して、お前と共謀して殺《や》ったと認めている。自白調書があるから読んでやろうか。お前も意地を張らず、いいかげん自白したらどうだ。自白すれば、情状酌量の余地もないわけじゃない」

ここまでいわれると、さすがのAも耐えきれず、自白してしまいます。検察側によるこのような騙《だま》し討ちの取調べ方法を、「反復自白」と呼びます。もちろん、違法です。それと似たような「騙しと脅《おど》しのテクニック」（瀬木比呂志氏の『ニッポンの裁判』［講談社現代新書］のなかの言葉）を、民事の裁判官は、原告と被告の双方に使うのです。ちなみに瀬木氏は、日本の裁判官によるこのような和解手法を、強く批判しています。

和解交渉の報告書をうけとったK社側では、さっそく、担当者のNさんが社長と常務を伴って、私の事務所を訪れました。

「判決になれば、一三四〇万円に、約三六〇万円の遅延損害金が加算されます。さんざん、ひどいことをいわれてきましたので、この際、和解を蹴って、判決を求めた方が賢明だと思いますが。弁護士費用もそれで賄えます」

私は説明します。

「判決になったら、負けるということはないのでしょうか」と社長が尋ねます。

「まず、それはないでしょう。裁判官がよほどひねくれた人物でない限り」

「でも、判決になったら、T損保は控訴してくるかもしれませんよね」

「その可能性はあります。損保側は、負けるとわかっていても、控訴するというのが、最近の傾向ですから。でも、控訴審は、判決が出るまで、四か月から六か月ですみます。控訴審でも勝訴すれば、支払いが遅れた分、さらに遅延損害金が加算されます」

「数日、時間をください。社内で役員会議に諮りたいと思いますから」

事実上、全面勝訴の和解案が出たことから、K社の方々は、みなさん、明るい表情でオフィスをあとにしました。

保険金としてではなく、解決金としての支払いを

数日後、K社のNさんは、会長とも相談した結果、和解で決着させたいと伝えてきました。三六〇万円の遅延損害金を獲るために判決を求めた場合、被告側から控訴されて、訴訟が長びくのを懸念したからでした。

私はすぐ、東京地裁の担当判事に直接電話し、一三四〇万円の和解案を呑む旨を伝えます。

すると、一時間もしないうちに、判事自らが私に電話してきました。

「被告側も、一三四〇万円の支払いについては承諾したのですが、和解条項には、保険

金としてではなく、解決金として支払う旨を記載してもらいたいといっています。どの道、お金が入ることに変わりはないのですから、よろしいんじゃありませんか」

「解決金」というのは、支払いの名目をうやむやにして、係争中の訴訟を丸くおさめるための苦肉の策としてのお金という意味です。「ざけんじゃないよ」と腸《はらわた》が煮えくり返りました。この期に及んで、まだ保険金としての支払いを認めようとしないとは。

「一三四〇万もの金を支払うのに、解決金はないでしょう。保険金として支払われることは明白なんですから、和解条項には、『保険金として一三四〇万円を支払う』と明記して下さい。被告代理人の方でそれが呑めないというのなら、判決を求めます」

私は、語気荒く、きっぱりと判事に伝えました。

判事がいまさら判決文を書きたくないことは、わかっていました。こちらが強気にでて、「いやなら判決を求める」といえば、判事としては、こちらの意向を酌んで、何がなんでも被告代理人の女性弁護士を説得にかかるでしょう。「原告代理人は、『保険金として』と明記しないなら、判決を求めるといっています。判決になれば、被告側が不利になりますよ。保険金としての支払いは火をみるより明らかなんですから、和解条項にもそう書くのが当然じゃありませんか」

そういったかどうかは、推測の域をでませんが、三〇分後、ふたたび判事から電話が入りました。

「先生のおっしゃる通りの条項で、被告代理人も納得しました」

終結後に損保が謝罪

保険金の支払いが完了したあとで、T損保が、E氏の勤める代理店の本社へ、謝罪にくることになりました。

元請損保が代理店に謝罪にくるというのは、きわめて異例です。

その連絡を、E氏の友人であるNさんからうけた私は、会話を録音するよう指示します。

後日、その録音を聞いてみました。

この訴訟の終結までには、風災事故の発生から四年四か月が経過しています。当時、保険金詐欺ではないかとなじった課長は、退職していることがわかりました。

新しく着任したT損保の部長と課長が、代理店の社長とE氏を前に、平身低頭している様子がうかがえます。

「私どもの担当の思い込みにより、代理店様や契約者様にご不快を与えてしまったことにつきましては、誠に申し訳ございませんでした」

代理店の社長はいいます。

「私ども代理店は、貴社の代理店の評価レベルの中でも、最上位の評価をいただいてきました。損害率についても、平均に比べ非常に低く、日ごろから御社に貢献させていただいてきたのです。それなのに、とつぜん喧嘩腰で保険金詐欺の疑いをかけられ、その疑いを払拭するのに四年四か月もかかりました。この件があってから、私自身、心理的な負担が原因で体調を崩しました。いま思えば、この四年四か月は何だったんだという感じです。正直、いくら謝られても、水に流すのは難しいですね」

「お気持は、ごもっともです」

社長の言葉を引き継いで、E氏がいいます。

「おそらく、前課長の強いバイアスがかかった状態で、はじめから保険金を出さないことが決まっていて、その結論に向かうよう調査を行った。そちらの弁護士も、それに全面的に加担して突っ走ったのです。幸い、K社様が依頼した弁護士の先生が、この道のエキスパートで、ことごとく、詐欺ではない証拠をみつけだし、反論してくれましたからよかったですが、もしかするとわれわれは、詐欺の濡れ衣《ぎぬ》を着せられたまま終わっていたのではないかと思うと、ぞっとしますよ。K社の方々も、この四年間、心を砕き、弁護士費用や鑑定費用など、お金も相当な額を費やしています。これは契約者様が大きな会社だからできたことで、個人のお客様だったら、そんなに時間もお金も使えませんよ、きっと。ほかにも泣き寝入りしている方がたくさんいるはずです」

T損保の部長が、神妙な口調でつづけます。

「ご迷惑をおかけしました。ご信頼を取りもどせるように、社内教育を徹底してまいりますので、今後ともどうぞよろしくお願いいたします。このたびは、本当に申し訳ございませんでした」

録音を聴いて、私は思いました。T損保の者にも、少しは人間らしい良心のかけらが残っていたんだと。

住まいの保険金を出させるための戦略のまとめ

1．事故状況を映像に残し、証拠を保全する。

2．口頭で保険金請求の意思を伝えるだけでなく、保険金請求書を内容証明郵便（配達証明付き）で必ず元請保険会社へ発送しておく。

（注）これは、訴訟になった場合、遅延損害金の起算日を特定するうえで、大切になります。

3．不払い通知をうけても、絶対にあきらめないで訴訟にもち込む。

第三章

監視カメラの映像が残っていても払わない盗難事故

第一部 商品の盗難

夜明け前の盗難

クリスマスが近い一二月一六日の午前五時過ぎのことです。

新宿の甲州街道に面したビルの、J社が経営する中古ブランド品店に、二人組の強盗が押し入りました。賊は黒の上下に黒覆面で、ビルの強固なガラスドアをバールでぶち割り、二階の店舗に侵入しました。二階の鍵がかけられたドアの錠をいとも簡単に開け、中に侵入します。消灯していましたから、中は真っ暗です。賊たちは、一人が中央に置かれたガラスのショーケースの天板をバールでたたき割り、陳列してあった高級腕時計やネックレスなどの貴金属を次々に黒い袋に入れてゆきます。もう一人は、奥の棚に陳列してあったハンドバッグを別の黒い袋に入れ、袋が満杯になると、両手にもてるだけのハンドバッグをもちます。この間、商品を物色して、迷っている様子はまったくありません。あたかも、現場で予め手順を練習していたかのような手際のよさです。仕事を終えると、二人はすばやく部屋を出て、階段を降りてゆきます。賊が、玄関ドアをぶち割ったときから店を退出するまでは、たった一分五七秒でした。こうした一連の流れは、店舗内にとりつけた監視カメラがとらえていました。

賊が店舗を出てから四〇秒後、すなわち、賊の姿が完全に視界から消えてから、天井にとりつけたフォギーユニットというものが作動し、白煙が噴射されます。この装置は、本来なら賊が侵入した場合、ただちにそれを感知して、白煙を噴射し、賊の視界をさえぎることによって、盗難を未然に防ぐことを目的としたものです。監視カメラもフォギーユニットも、警備保障会社のS社がとりつけたものです。

侵入から退去まで、わずか二分足らずで仕事を終えるというすばやさから、明らかにプロの仕業とわかります。

今回の盗難によって、盗まれた品数は三〇点、ガラスの破片などで傷ついた商品は八三点でした。

店舗を経営するJ社には、両方合わせて、約三八〇〇万円の損害が発生しました。このほかにも、壊されたガラスケースなど、什器、備品の損害が一〇六万円ありました。

セキュリティ契約の締結

J社では、新宿本店以外に関東や関西などに一〇店舗近い、同種の中古ブランド品ショップをもっています。

他店舗でも、同様の盗難被害にあったことが何回かありました。そこで、J社は、他店同様、新宿本店でも、警備保障の面でもっとも知名度が高く、信頼がおけると考えたS社と、セキュリティ契約を結んでいました。

J社の社長がS社側に伝えたのは、他店舗で盗難の被害にあった経験から、「最高レベルの防犯機器をとりつけて下さい」ということでした。その意向を酌んで、S社が提案してきたのが、白煙を噴射するフォギーユニット特約つきの、セキュリティ契約です。

それなのに、賊が逃走してから白煙が噴射されるのでは、意味がありません。完全に後手に回った様子は、S社がとりつけた監視カメラの映像に記録されています。

盗難保険を二層につける

S社とのセキュリティ契約には、S社の子会社であるS損保に、動産総合保険が自動的についていました。お客様に盗難などの被害がでた場合、S損保の保険でカバーしようとする趣旨からです。保険金額は、商品分が一〇〇〇万円、什器・備品分が五〇〇万円で、両方合わせても一五〇〇万円にしかなりません。

J社が扱う商品は、一点あたり数十万円から三〇〇万円近くに及ぶ高額商品でしたから、ひとたび事件が発生すると、損害は数千万円に及びます。S損保の保険金だけでは、到底賄いきれません。

そこでJ社は、その場合の不足を補うべく、T損保とも動産総合保険の契約を結びました。こちらの保険金額は、二億円でした。

S損保は払うそぶりを豹変

中古ブランド品ショップや貴金属店が、窃盗犯に狙われやすいのは、高額商品を扱っている以上、宿命といえます。J社が関東に展開している新宿本店以外の店でも、過去に窃盗犯に入られたことが、数回ありました。そのつど、S損保から保険金が払われてきました。幸いにも、過去のケースでの被害額は、今回ほど大きくはありませんでした。南青山店では三九七万円、自由が丘店では二二〇万円、川崎店では一五六万円、たまプラーザ店では五二万円にとどまっていました。金額が小さかったから、S損保も抵抗なく支払ったといえそうです。

今回、盗まれたり、壊されたりした商品の損害額は、約三七九四万円、破壊されたガラスケースなどの什器・備品代は、一〇六万円でした。

そこで、S損保から支払われるべき保険金額は、商品分が保険金満額の一〇〇〇万円、什器・備品分が一〇六万円ということになります。合計すると、一一〇六万円です。残りの二七九四万円は、T損保への請求分です。

被害総額が判明した時点で、J社の社長は、S損保の担当者を呼び、一一〇六万円の支払いを求めます。

担当者は、お見舞いのことばを述べたあとでいいました。

「弊社の保険金は早急にお支払いする方向で、検討に入ります。残りは、T損保にご請求なさるわけですね」

「そうです。まずは先に、S損保さんからお支払いいただきたいと思っています。いうまでもなく、S損保さんはS社の子会社ですが、今回は、親会社であるS社の白煙噴射の遅れというのが、被害の拡大につながったと思っていますので」

「わかりました。一応、T損保側の意向も確認したうえで、回答させていただきます」

二週間後にS損保からJ社の社長に入った電話は、耳を疑うものでした。

「弊社としては、今回の保険金はお支払いできないとの結論に達しました。T損保が、盗難について、数々の点で疑問が残るというものですから」

「疑問って、何ですか」

「いえ、それは私の口からは申し上げられません」

「T損保も払わないつもりなんですか」

「そうだと思います」

社長は呆然としたまま、受話器を置きました。

T損保に保険金請求書を送ってみましたが、一週間後に届いた文書は、「支払不能通知」でした。理由は書かれていません。

法律事務所を渡り歩いて、どこでも断られる

J社の社長は、すぐ弁護士をたてて、訴訟にもち込むことを決断します。インターネットで保険金請求事案を扱っていそうな法律事務所を三、四軒、訪ねました。しかし、すべての弁護士に断られたといいます。

「勝てるかどうかわからないから、引き受けられない」

「やったことがないので、自信がない」

「損保を相手にしても負けると思う」

これが、それぞれの弁護士から聞かされたことばでした。ホームページに、保険金請求事案を扱いますと書かれていたからうかがったのに、まったく当てにならなかったと

社長はこぼします。

同行した専務がタブレットをとりだし、窃盗犯が侵入したとき、監視カメラに記録されていた映像を私にみせます。

社長は不安な面もちで尋ねます。

「勝てるでしょうか」

「勝てますよ。これだけの映像が残っているんですから」

「お引き受けいただけますか」

「もちろんです。私でよければ」

社長と専務は、安堵の表情を浮かべました。

訴状の構成――AかBか二者択一

本件の場合、訴状をどのように構成すべきか、考えました。警備保障会社のS社には、フォギーユニットによる白煙の出し遅れという履行遅滞があります。これは債務不履行として、損害賠償責任が発生すると考えられます。

一方、S損保とT損保には、盗難に備えて動産総合保険に加入していたのですから、J社の被った損害額相当の保険金を支払う義務があります。

そこで私は、被告を次のように設定しました。

被告A……セキュリティ契約を結んでいたS社
被告Bの1…S社の子会社のS損保
被告Bの2…J社が任意で盗難保険に加入したT損保

つまり、Aか、またはBグループのどちらかで、J社の損害三九〇〇万円と、その一〇パーセントである弁護士費用三九〇万円（ここでいう「弁護士費用」は、あくまで訴訟戦略上、訴状に計上するもので、実際の弁護士費用を指すものではありません）を加算した合計四二九〇万円を補償せよという考え方です。Aだけを被告にすれば、Aは、自分には賠償責任はない、いいたければBグループの保険会社にいえというでしょう。

Bグループだけを被告にすれば、Bの1であるS損保は、親会社であるS社に責任があるとはいいづらいかもしれませんが、Bの2であるT損保ならそういって、責任をS社に転嫁しかねません。彼ら全員を共同被告として、同じ舟に乗せることによって、互いに相手が悪いという逃げ口上への道を塞ぐ戦略をとったのです。

それだけでなく、もしも一方だけを被告にした場合、裁判所が、お金を払う義務はAにはなくBグループだけにあるとか、またはその逆の判断を下しかねないことを心配しました。狙いが当たればよいですが、はずれるとどうなるか。責任がある方を被告として、もう一度訴訟を起こさざるをえなくなります。印紙代も二重にかかります。時間と労力、訴訟費用の無駄は、なんとしても避けたいという思いがありました。つまり、AとBグループを共同被告とする狙いは、裁判所に対しても、この口のAかBか、少なくともどちらかの責任は免れないでしょうという囲い込みのメッセージを含むものでした。

盗難の事実の立証責任

盗難事故の場合、盗難されたという事実の立証責任は、被保険者（被害者）側にあります。

二〇〇七年四月一七日と四月二三日にでた最高裁の二つの判例を総括すると、盗難事故に伴う保険金請求について、最高裁は次のように述べています。

(1) 何者かが盗難事故現場（本件ではＪ社の店舗）に侵入し、保険の対象物（被保険商品）をもち去ったという外形的事実は、被保険者側に立証責任がある。

(2) (1)のような外形的事実が、「偶然に発生したものではない」（すなわち、被保険者の故意）と保険者側で主張したいのなら、その立証責任は保険者（保険会社）にある。

今回のケースにおいては、(1)の外形的事実は、監視カメラに記録されている盗難映像で立証十分でした。

Ｓ損保やＴ損保が免責を主張したいなら、Ｊ社側に「故意または重過失」があったことを証明しなければなりません。

セキュリティ会社S社の責任逃れ

S社のフォギーユニットは、賊が侵入して、狙った金庫や商品に手をかけようとしたまさにそのとき、天井に設置した機器から白煙を噴射して、辺り一面を真っ白にし、視界をさえぎるというものです。コマーシャル用のDVDでは、視界がまったくきかなくなった賊は、あわてて退散するという演出がされています。

J社の社長以下役員は、このDVDを見せられ、その威力に感心して「フォギーユニット特約」をつけたのでした。それなのに、賊が退散したあと、四〇秒も経ってから白煙が噴射されるようでは、これを取りつけた意味がありません。

遅れた原因は何だったのか。理由を説明せよと、私はS社に迫りました。S社の回答は、次のようなものでした。

このケースの盗難発生時、S社のコントロールセンターでは、同時に四件もの危険信号が出ていた。これは稀なことである。その四件は、いずれも有人物件からで、人命にかかわる緊急性があった。そのため、管制員は、その四件の方の対処を優先させた結果、J社の店舗への白煙噴射の遠隔操作が遅れてしまった。これは、当時の状況からすればやむをえないことで、S社に過失はない。従って、債務不履行にはならない。若干、タイミングが遅れたとはいえ、白煙は噴射したのだから、履行はしているではないか。仮に百歩譲って、S社に責任があるとしても、賠償金はすべてJ社がつけた保険でカバーすることが、セキュリティ契約の約款にうたわれている。払うとしたら、Bグループの損保各社が払うべきで、S社には支払義務はない。

S社は、グローバル企業です。北京、ロンドンのオリンピックをはじめ、日本で開催された洞爺湖サミット、伊勢・志摩サミットでは、日本政府から委嘱されて、警備を請負ってきました。洞爺湖サミットが開かれた際の主要会場となったザ・ウィンザーホテル洞爺は、当時、オーナーはS社だったのです。

私は反論します。

現在、テロ対策は、サミットでも議題になるほどの喫緊《きっきん》の課題である。一度に四件もの有人物件からの危険信号が出たから、原告の店舗への白煙の噴射が遅れたなどというのんきないいわけは通らない。二〇一九年のラグビーワールドカップ、二〇二〇年の東京オリンピックを控えるいま、同時刻に一〇件から二〇件の危険信号が出たらどうするつもりなのか。こんな事態は稀なことで、想定外でしたと政府に弁明するつもりか。警備を請負っている以上、一度に四件程度の危険信号が出たとしても、ほかからの信号にもすばやく反応できるよう、コントロールセンターに人員を配備しておくべきだ。それを怠り、有人物件の方を優先させた結果、J社店舗への白煙噴射が遅れたなどというのは、悠長すぎる。

S社の主張が通るとなると、管制員が居眠りをしていようと、スマホのゲームに熱中していようと、「危険信号がたまたま集中的に出たものですから」の一言ですまされてしまう。S社は、ホームページでCSR（企業の社会的責任）を強調し、「〝いつでも、どこでも、誰もが『安全・安心』で『快適・便利』に暮らせる社会〟の実現」をめざすなどとうたっているが、やっていることはそれと正反対ではないか。

これに対するS社からの、納得できるような説明はなされませんでした。すべて原告がつけた保険で対応するべきで、自社には賠償金を支払う義務はない、の一点張りでした。

内部に賊を手引きした者がいる

Bグループの損保各社は何といってきたか。

S損保は、はじめからT損保に寄りかかる形で、T損保と共同歩調をとってきました。T損保代理人の三〇代後半と思われる弁護士は、原告新宿本店の内部に賊を手引きした者がいるといいだしました。簡単にいえば、窃盗の共犯者（「手引きした」ということは、幇助《ほうじょ》犯です）が原告内にいるというのです。

これは捨ておけない主張でした。J社の社長、専務の怒りが沸騰《ふっとう》したことは、いうまでもありません。

今回の盗難は、もちろん警察に被害届を出してありました。所轄署では、現場検証を行い、関係者からも事情を聞いています。しかし、J社側に共犯者がいて、賊を手引きしたのではないか、などという突拍子もない疑いをかけられてはいませんでした。

Bグループ側の損保としては、原告（保険金請求者）に「故意または重過失」があったことを証明しなければ、免責されません。そこで、このような悪意に満ちた仮説を打ちたてたのです。仮説をたてた以上、証明できなければ妄想にすぎなくなります。

私は、猛然と反論しました。

「原告内部に手引者がいる」というのなら、

a 原告内部の誰が、誰との間で
b いつ（何年何月何日の何時何分に）、どこで、どのような目的と謀議のもと
c 誰を手引きしたというのか。手引きした相手の人物の名前は？
d 手引きの手段、方法は、具体的にどうであったのか
e 動機は何か

をすべて回答し、証明してみせよと迫りました。

内部の者が、仮に商品を自分のものにしようと企んだとしたなら、ほかの従業員がいなくなった隙に、それを「横領」し、そのまま逃走すればすむ。わざわざ二人組の賊を手引きして、夜明け前に商品を盗ませるなどという手の込んだことをする必要がない。

それでもなお、内部の者がそのような小細工をしたといいたいのなら、そうまでした動

機を解明し、証明せよ。その証明ができないなら、T損保の主張は妄想にすぎないと、強硬に反論しました。（「血迷ったか、このバカ！」と法廷で叫びたい心境でした。実際には、平静を装いましたが）

私は弁護士業のほかに、ミステリー作家としての顔ももち、リーガルサスペンスを書いてきました。ミステリーでは、警察小説であれ法廷物であれ、動機なき犯罪などというものは成立しません。松本清張が、「動機」を重視して、小説を組みたてたことはよく知られています。ミステリーについての知見が、ここで役に立ちました。

前述のaからeは、どんなミステリー作品でも、とりわけ新本格や英国古典探偵小説（シャーロック・ホームズ物やエルキュール・ポワロ物など）では、最後にすべての謎が解明されるのが、作者と読者の暗黙の了解事項とされています。

T損保代理人の弁護士は、血の気の多い弁護士でした。私から、前述のような反撃にあうとは考えていなかった節があります。

「実験」でも、玄関ドアは破壊できなかった

内部に手引者がいるなどという、とんでもない大蛇《おおなた》を振り上げてしまった手前、T損保はその証明を迫られることになります。

証明といっても、実際には手引きした者などいませんし、T損保の代理人は、原告新宿本店にきたこともなければ、原告の役員、従業員ともまったく面識がないのですから、できるわけがありません。

そこで、手引きした事実そのものの立証はあきらめ、「故意」を推測させる間接事実（証明の対象となる直接事実に対し、それを間接的に推測させる周辺の事実）の証明に注力するといいだしました。

そのひとつが、自分たちの「実験」でも、玄関ドアは破壊できなかった、というものです。

原告の新宿本店が入るビルの玄関ドアは、自動開閉で、電磁ロックがかかる仕組みになっていました。メーカーでは、このドアを、防犯対策上きわめて有効で、賊が侵入できないことを売り文句に販売しています。

T損保では、メーカーの物流センター内の実験室で、これと同種のドアを用い、監視カメラの映像に記録されていた犯人たちのバールと似たようなバールを用いて、犯人たちと同様の仕方で破壊できるか、実験したといいます。

その「実験」の結果、この自動ドアは、電磁ロックが「開錠された状態」か、「吊戸車のボルトが意図的に緩められていたか」のどちらかでなければ、バールなどでこじ開けることは不可能だ、従って、内部の者がそういう操作をしたとしか考えられない、などと主張してきました。

第一章をお読みになった方は、また「実験」かとお思いになったでしょう。そうなんです。損保は、自分の主張の正当性を裏づけるために、すぐ「実験」(正確には、「実験」と称する真似ごと)をもちだします。彼らにとっては、これは定石です。

しかし、防犯対策上きわめて有効で、ちょっとやそっとのことでは破られないことを売りにしているメーカーが、その物流センター内で実験をしてみても、信用できないことは明白です。実験で簡単に破られるようでは、メーカーは消費者に嘘をついていたことになります。バールの用い方、力の入れ方なども、犯人らがとった方法とは当然異なります。プロの窃盗犯は、バールをどのような角度で、どこに加重をかければドアを破ることができるかを、心得ています。それに対し、メーカー側は、窃盗犯ではありませんから、やり方が甘いのです。力を加減して演技をすれば、破れないという結果は容易にひきだせます。

東京地裁の判決でも、同じような理由で、この「実験」の信用性を一蹴し、信用できないとしました。

盗難の直前に、被害品を他店舗から移動しているのは不自然だ

犯行があったのは、一二月一六日の午前五時過ぎです。その二日前の一四日に、J社では首都圏の数店舗から、とりわけ高価で売れ筋と思われる時計やジュエリー、ハンドバッグなどを、新宿本店に移動していました。

S損保は、それに難癖をつけてきました。

わざわざ移動したのは、売れ残った在庫の処分に困り、盗難を偽装して被害の拡大をみせかけるための一石二鳥の手段ではなかったのかと。

一二月の中旬といえば、クリスマス商戦まっ盛りのころで、高価なブランド品は、特

に女性客に人気がありました。なかでも新宿本店には、日本人だけにとどまらず、中国人などアジア系外国人が多数訪れます。自由が丘や吉祥寺、新横浜といった盛り場ではない場所の店舗で、在庫としてある高額商品を、より客の集まる新宿本店に移動して収益向上を図るというのは、商売人として当然の策でした。

経営上の戦略を、盗難が「故意」だったことに結びつけようとするのは、いいがかりにすぎない。私はそう反論します。

盗まれた商品が一部にとどまっているのは不自然だ

今回の盗難で、盗まれた商品は三〇点、毀損された商品は八三点でした。展示されていた商品の全体数からすると、ごく一部です。一部にとどまっていることが不自然だと、T損保はいいだしました。ある棚には、時計、ジュエリーがあったにもかかわらず、何も盗んでいない。通常の窃盗犯なら、金目のものはすべて盗んでいくはずだ。手加減したのは、内部に手引きした者がいたからだろう、とこじつけてきました。

プロの窃盗犯は、ある店に狙いをつけた場合、客を装って必ず下見にきます。組織的な窃盗団であれば、恋人どうしを装い、カップルでくることもあります。予め、どこの場所にどのような商品があるかを見定めるためです。

また犯人たちにとっては、きわめて短時間に犯行を終えるというのが鉄則です。長時間、現場にとどまっていては、つかまる危険があるからです。

プロの窃盗犯の行動様式からすれば、予め目星をつけていた商品だけを盗み、仕事を終えたらすばやく現場から立ち去るのは、ごく自然な行動でした。T損保の代理人は、そのことをわかっていません。

私はこの反論を含め、こちらの主張の正当性を裏づけるため、プロの力を借りることにしました。

盗犯専門の元刑事の協力を仰ぐ

盗犯専門の元刑事の方に、被告側が指摘しているさまざまな問題点について、意見を求めました。その結果、彼は現場でビルのオーナーの男性から話を聞き、玄関ドアの開閉の仕組みについても実地に検証したうえで、「意見書」を書いてくれました。

彼は次のようにいっています。

1. ビルの玄関ドアについて

(1) このビルの玄関ドアは、オーナーが管理する自動タイマーによる開閉錠のシステムになっている。オーナーでなければ、電磁ロックの開錠は不可能である。犯行前に、J社側の人物から開錠を依頼された事実はない。

仮に電磁ロックが意図的に開錠された状態であったとすれば、バールなどを使用しないで、容易に玄関ドアから侵入することができる。映像によれば、犯人らは一分以上もバールでこじ開ける作業をしているが、これは電磁ロックが開錠されてはいなかったことを物語る。

(2) 吊戸車は仮に緩められていなくても、窃盗常習犯の手にかかれば、バールなどを利用してレールから脱輪させ、ドアを開けることはいともたやすい。そういう手口による犯行が、これまでもくり返されてきている。

2. 映像から推測される内部手引者の存在の可能性について

(1) 内部手引者がいるとすれば、その者は犯人の侵入時にフォギーユニットの白煙が噴射されることも知っていたはずで、そのことを犯人側に伝えていたと思われる。

それゆえ、犯人らは、白煙の吹き出し口などを避けるような行動をとるのが自然だが、映像では犯人にそのような動きがない。

従って、内部手引者がいたとは、およそ考えがたい。

(2) 自動ドアの電磁ロックが予め開錠されていたり、吊戸車のボルトが緩められていた場合、警察の実況見分で明らかになっていたはずである。その場合、警察は、当然、内部関与を疑い、J社側の事情聴取やポリグラフ（ウソ発見器）を用いた捜査をする。

本件では、J社側関係者は誰一人として、そのような捜査対象にはされていない。これは、所轄署でも、内部関与者などいないと考えたからだと推測される。

3. T損保が行った「実験」の信用性について

この実験は、メーカーの物流センターの中で行われている。簡単には賊に破られない強固な自動ドアを「売り」にしているメーカーが、簡単にバールで開くという実験結果を導くはずがない。この実験は、客観性がなく、信用するには値しない。

警察では、このような自社の実験データなどは、捜査資料から排除している。無意味だからである。

なお、このメーカーが行った実験では、バールを手にもっての実験だが、通常、窃盗犯はレールから脱輪させる場合、足を使い、テコの原理で、バールに非常に強い力を加える。そのような犯行が大半である。

この点からも、実験の方法自体に疑問が残る。

(神奈川県警や警察庁刑事局などで、長年刑事として、窃盗事件の捜査にあたってこられた小川泰平氏作成の「意見書」より要約)

（注）右の部分は、作成者である小川氏の了承を得て、要約引用させていただきました。

「ヒット&アウェイ」方式

新宿は「不夜城」と呼ばれ、忘年会シーズンであったことから、深夜でも人の往来が絶えない地域です。被害物件は、甲州街道という大通りに面した場所にありました。犯行時刻は、午前五時一五分ごろから三〇分ごろの間です。甲州街道沿いは、ゴールデン街と呼ばれる飲食店や酒場などが集中する盛り場とは少し離れていますので、人通りはそれほど多くはありませんが、それにしても午前五時過ぎといえば、早出の人が出勤し始めるころです。午前二時から四時くらいの時間帯に比べれば、人目につくリスクは高くなります。まして、バールで玄関ドアを打ち破って侵入するという荒っぽい手口を使うのですから、通行人にみつかれば、警察に通報されるかもしれません。

窃盗犯たちは、何ゆえリスクの高い夜明け前の時間帯に強行突破を図ったのか。

それには理由《わけ》があると、「意見書」の中で元刑事の方はいいます。

羽田空港から海外に飛ぶ第一便飛行機の出発時刻に合わせるためだったのです。犯人たちはエアチケットを予めとっておいたうえで、搭乗手続と羽田空港までの時間を逆算し、高飛びするのに無駄のないギリギリの時刻を設定して、犯行に及んだのです。だから、現場で欲をかいて長居をするのは禁物でした。

このように、狙った商品を奪取したら、物《ぶつ》をもったまま空港に行き、そのまま海外に逃亡する。おそらく犯行に使ったバールなどは、現場前の路上の、車の中で待機していた仲間に引き渡したのでしょう。

このような手口は、「ヒット＆アウェイ」方式といい、外国人犯罪の特徴のひとつであるといいます。過去の貴金属店を狙った外国人窃盗グループの盗取・逃走の手段としても、しばしば使われてきました。

プロファイリングと品触れ

外国人の犯行を匂わせるのは、それだけではありません。

今回の盗難映像をみる限り、玄関ドアを打ち破ったあと、犯人たちは迷うことなく二階店舗への階段を上っています。店舗のドアも簡単に壊して中に侵入し、一番高価な腕時計のコーナーに躊躇《ちゆうちよ》なく進んでいます。その動きには無駄がありません。このことは、彼らが何度も下見にきて、高価品の展示場所がわかっていたことをうかがわせると、元刑事の方はいいます。

下見は、映像に写っている犯人二人が一緒にではなく、一人ずつ別々にきたか、または女性連れで、カップルを装ってきたかもしれません。数ある商品の中でも、高価なものだけに狙いを定めたのは、国外へ逃亡する都合上、そんなに多くはもっていけないからです。

もうひとつ、外国人の犯行だと思うのは、被害品が国内で発見されていないという点です。警察では、盗品がほかの類似品と識別できるものである場合には、業界用語で「品触れ」と呼んでいる手配書を、めぼしい買取業者や質店に配布するといいます。国内犯であれば、奪ったものを換金するために、そうした店に接触してくるからです。警察は、店からの情報をもとに、盗品のありかや犯人の割りだしに向けて捜査をしていきます。

今回のケースでは、誰かが盗品の処分にきたという情報も寄せられていません。このような事実から推測しますと、奪われた商品は、その日のうちに国外にもち出され、海外で処分されたとみるのが自然だと、彼はいいます。

原告は十分な防犯対策をとっていなかったというこじつけ

元刑事の「意見書」は、内部犯行説を完全に否定し、犯行の実態や過去の事例にてらして、外国人犯行説を裏づけるものでした。T損保やS損保のいう、盗難はJ社が「故意」に仕組んだものだとする主張は、完全に崩れたといえます。T損保が、「故意」の根拠にあげたドアメーカーによる「実験」などは、警察の捜査では、はじめから排除するとまでいってくれましたので、T損保は、これに反論することばをもち合わせていませんでした。

「故意」が無理なら、次は「重過失免責」に切り替えよう。損保側はそう考えたのでしょう。

次の裁判期日に、Ｓ損保の代理人はいいます。

原告は、過去にも首都圏の数店舗で盗難被害にあっている。そのときは、Ｓ損保から保険金を支払った。それに味をしめ、窃盗犯が侵入した場合の防犯対策を怠った。店舗中央にあるガラスのショーケースは、割れにくい強化ガラスにするとか、高価品は、同一フロアー内の保管庫に毎夜閉店前に移動するとかしていれば、被害は防げた。それを怠った点で、原告には重大な過失がある。よって、Ｓ損保やＴ損保は免責される。

Ｊ社が経営する東京や神奈川での他店舗で、過去五年くらいの間に、数件の侵入窃盗事件が発生していることは事実です。Ｊ社の社長は、法廷で、次のように証言していま す。

「一〇〇店舗をもつ同業他社のオーナーは、一年間に必ず二、三件は入られている」

中古ブランド品ショップや貴金属店は、高額商品を扱っている手前、窃盗グループに狙われやすいのは宿命といえます。

Ｊ社が被った過去の盗難のケースでは、幸いにも被害額がそれほど大きくはありませんでした。五〇万円強から四〇〇万円弱くらいです。いずれのときも、Ｓ損保からすんなり保険金が払われました。

だからといって、それに味をしめたこともなければ、手をこまねいていたわけでもありません。過去に盗難被害にあったからこそ、J社の社長は、被害の防止対策として、S社には最高の警備を委託し、白煙を噴射するフォギーユニット特約までつけたのです。強化ガラスにするというのは、物理的には不可能ではないものの、コストがかかります。特注品ですから、なおさらです。また陳列品を毎晩、閉店後に保管庫に移動するなどというのは、物理的に不可能です。貴金属類は、移動によって傷がつきかねません。

裁判所はこの点について、J社はS社とのセキュリティ契約によって、一定の防犯対策をとっているのであるから、S損保が指摘するようなことをしなかったとしても、「重過失」があるとはいえないと判断してくれました。

シャンデリアの設置位置にまで難癖

ビルの一階のエントランスホールには、中央にシャンデリアが吊されています。このシャンデリアは、J社が高級感をかもしだすため、とりつけたものです。

T損保は、シャンデリアの設置位置にまで難癖をつけてきました。

「監視カメラの視界をさえぎるような位置に、わざととりつけたのにちがいない。この点で、原告には、防犯上重大な過失があったといわざるをえない」

監視カメラは、エントランスホールに四台ついていました。その内の一台は、玄関ドアからみると、シャンデリアの陰に微妙に隠れるような対角線上にとりつけられています。それというのも、その監視カメラは、正面玄関方向よりも、非常口である裏口からの人の出入りを監視するのが主目的だったからです。そのために、このカメラでは、犯人たちの侵入行為は十分にはとらえきれていませんが、ほかの三台の監視カメラが鮮明にとらえていました。

シャンデリアというものは、見映えの豪華さにくわえ、光が八方に拡散して、ホール全体を華やかな光で包む効果があります。さほど広いとはいえないエントランスに、一台のシャンデリアを吊すとしたなら、ライティング・デザイナーに尋ねるまでもなく、中央にぶら下げるのが常識です。

これに難癖をつけるT損保代理人は、非常識だと私は反論しました。

もちろん裁判所も、シャンデリアの設置位置など論外だとして、一蹴しました。

賊はエルメスのバッグを何個盗んだか

Bグループの損保としては、重過失免責の主張が認められなければ、保険金を払わなければなりません。S社が、損害賠償金を払うことにならない限り。

そのことを視野に入れてか、S損保は盗難品の個数と損害額に矛先を向けてきました。

S損保は、盗難映像をもう一度解析し、二人の犯人がもち去ったバッグの個数は、原告が申告している個数より少ないといいだしました。映像からは、犯人の一人が手にもっているバッグは、腕に通しているものを含めても四点、もう一人がもっている数は二点で、合計六点である。それに対し、原告のバッグの被害申告数は一一点で、過剰申告ではないか、などといいます。

盗難にあったバッグは、すべてハンドバッグで、ブランドはエルメスでした。そのなかでも女性に人気の高い「バーキン」と「ケリー」「ボリード」という名称のものです。

指摘された個数のちがいを、J社新宿本店の商品管理部長に確認してみました。

「それはS損保の弁護士が、間違っています。犯人が手にもっているバッグの陰に、別のバッグが隠れているのです」

彼はいいます。

S損保側の主張の誤りを証明するため、こちらが主張している個数一一点のハンドバッグを、男性二人がバールと一緒に手にもてることの実証実験を試みました。ナレーションの台本を、私の方で作ります。

実験に際しては、店の中央のガラスケースの上に、被害品と同じエルメスのハンドバッグを一一点並べます。このうち、どれが「バーキン」で、どれが「ケリー」「ボリード」かを最初に説明します。さらに犯行に使われたものと似たようなバールも二本用意しました。盗難映像に準じて、犯人役の一人が七個のハンドバッグのうち、二個を右手に一本のバールと一緒にもち、左手側には一個を腕に通し、四個をもちました。もう一人の犯人役が、右手にバールと二個のバッグを、左手には二個のバッグと、犯人が当時持参していたアタッシュケースに見立てた同様のものをもちます。このアタッシュケースに、時計やジュエリーが詰め込まれたと推測されます。そうして、階段を降りてゆく様子を撮影しました。

映像はDVD化して、裁判所に提出します。

この映像が原告側に有利に働き、裁判所はS損保の主張を斥《しりぞ》けてくれました。

時計がガラスの破片で損傷するとは考えがたい

S損保は、つづけて非常識とも思える主張をくりだします。

時計が、ショーケースをぶち割ったガラスの破片で損傷するとは、考えがたいといいだしたのです。その証拠には、自分たちが、ショーケースをバールでぶち破る実験を行ったところ、中に入れた時計やジュエリーには傷がつかなかったというのです。この実験で用いたショーケースは、強化ガラスでした。被害にあったショーケースとは、ガラスの性質がちがいます。第一章の三七ページで紹介したナイロンザイルの「蒲郡実験」では、岩角に肉眼ではみえない丸味をつけていましたが、S損保は、割れにくい強化ガラスを用いるという偽装をしてまで、傷がつかないことを立証しようとしたのでした。

「強度の異なるガラスを用いての実験では再現性が低く、信用できない」と反論したところ、S損保は、さらに次のようにいってきました。

ガラスの破片や粉末が、時計の上に散ったからといって、時計がだめになったり高額な修理費がかかったりするとは思えないと。

ガラスが割れれば、目にみえない粉末が散ります。J社で取り扱っている時計は、すべて自動巻きなどの精密な機械式腕時計でした。このような時計は、風防(時計表示部分や内部を保護するために、文字盤の上に設置されたガラスやプラスチック、サファイアガラスなどの呼称)とベゼル(風防の周りに装着するリング)の隙間やリューズ(ゼンマイの巻き上げや、時刻、日付を調整するケース側面のつまみ)の隙間に粉末が入り込んだ場合、腕時計内部の機械(ムーブメント)の精度を狂わせます。それくらい、機械式腕時計は繊細なのです。たたき割られたガラスケース下の腕時計などは、肉眼では粉末がみえなかったとしても、機械式時計の愛好家にしてみれば、許容しがたい欠陥品となります。こうなってしまったものは、分解掃除(オーバーホール)をして、中の細密な歯車をはじめとするムーブメントを一点一点、メーカー側で点検してもらわなければ、ブランド品としては店頭に出せません。機械が複雑になればなるほど、オーバーホールの代金も高くなります。正価で二〇〇万円クラスの高級機械式腕時計の場合、一回のオーバーホールの代金は、一〇万円から一五万円に及ぶといわれています。だから修理費用が高額化し、オーバーホールをしてみても、元の状態にもどらなければ、全損として評価せざるをえないのです。

S損保代理人の、腕時計に関する見識のなさについて、私は怒りを込めて反論しました。

「この時計の内部には、割れたガラスの粉末が混入していて動かないかもしれませんが、よろしいですかと問われて、あなたが顧客なら買う気になりますか」

中古ブランド品の修理費の鑑定に、美術品鑑定業者を連れてきた

T損保は、S損保と歩調を合わせるかのように、毀損した時計やジュエリーの修理費の額に難癖をつけてきました。

毀損品については、現物が残っています。傷ついた箇所に矢印をつけるような工夫をして、証拠写真を提出してありました。

T損保から依頼をうけた鑑定業者は、時計やジュエリー、ハンドバッグについた傷を写真でみて、それらは日常生活でついた傷で、今回の窃盗犯の奪取時についた傷ではない、などとする「意見書」を提出してきました。

この鑑定業者は、美術品の鑑定を専門としていました。ホームページによれば、日本画、洋画、陶磁器などの工芸品の鑑定を専門にしていると書かれています。腕時計、ジュエリー、ハンドバッグなどのブランド品の傷に関する鑑定を専門にしているわけではありませんでした。

私はその会社のホームページをプリントして裁判所に提出し、次のように反論しました。

「日常生活でついた傷だなどというが、これは、門外漢である者がT損保から報酬をもらって、T損保に有利になるよう、独断と偏見に満ちたたわごとを並べているにすぎない。このような者は、はじめから『鑑定人』としての適格性を欠いている。T損保は、門外漢の『意見書』を出すことで訴訟をミスリードし、混乱に陥れようと企図した。それによって、訴訟の遅延を招き、裁判官にも余計な負担を強いている。いうまでもないが、専門外の者の『意見書』などは、取り上げる価値はなく、信用性もない」

中古ブランド品の傷の状態を鑑定するなら、中古ブランド品を数多く見てきたJ社と同業の者が、もっとも適切です。しかしそういう方々は、商売人であって、鑑定人ではありません。つまり、中古ブランド品の傷の鑑定人など、いないのです。

エリート社員がT損保を訴えた記事

T損保は、玄関ドアについては、ドアメーカーに実験させて、内部の手引きがなければ玄関ドアは破れないといってみたり、今度は、ブランド品を扱ってはいない美術品鑑定業者をひっぱりだして、毀損品の傷は生活傷で、犯人の奪取時につけられたものではないといったりするなど、その主張には、J社の社長もかなり憤慨していました。私自身も、相当、頭にきたことはいうまでもありません。

手当たり次第にいちゃもんをつけるこういう言動は、どこからくるか。おそらくT損保の担当者の、ひたすら会社のために不払いを正当化しようとする悪い根性と、その火にますます油を注ぐ代理人弁護士の血の気の多い性格が相まって、生まれてきたと思わ

いったい何があったのか?

名門・東京海上のエリート社員が会社を訴えるまで

サラリーマンは所詮、組織の歯車にすぎないのか——。そう思わせる出来事が損保大手で起きた。会社に都合のいいように使われて、不祥事が発生したら閑職に追いやられたと、現役社員は訴える。

本人の知らぬ間に「降格」

今年2月に判明した「支払い漏れ」を釈明する永野社長

怒りの告発!「私に罪を押しつけ、上司は出世した」

保険金不払い問題の渦中で

56

週刊現代／2014年5月24日号

れます。

損保の不払いは、二〇〇六年ごろからたび たび報道されてきました。金融庁から改善命令が出されても、いっこうに改善されてこなかったのが実情です。私の手許には、そのときの新聞記事や週刊誌の記事をとってあります。「損保不払い底なし」「損保最大手も『厳罰』、不払い膨らむ一方」のほか、T損保では、「エリート社員が会社を訴える」という記事が週刊誌にでました。これはT損保の保険金不払いを、ある一人の社員の責任に押しつけ、不当な降格をされて閑職に追いやられたと、社員が自分の会社を訴えたものです。

週刊誌の記事によれば、不払いについて、

「私に罪を押しつけ、上司は出世した」と書かれています。

この訴訟がどういう結末になったかはわかりませんが、どちらにしろ、T損保が保険金の「不払い」から労務問題まで、非常に悪辣だということをうかがわせます。

このような記事は、今回の盗難事故に直接つながるものではないにしても、T損保のやり方が、きわめて汚いことを推測させる間接証拠にはなります。

記事を、私は証拠として提出しました。

修理見積書をフランスから取り寄せる

この訴訟は、一審判決がでるまで三年余りかかったので、途中で裁判官が代わっています。

毀損品については、すべて全損という扱いで、損害額を請求しています。訴訟が二年近く経過したとき、私は前裁判長から、修理が可能なのかどうか、可能だとしたらいくらかかるのか、修理見積書をもらってくれませんかといわれました。

被害品はすべて、ヨーロッパのブランド品です。たとえば、トヨタ製の車が事故で破損した場合、国内の自動車整備工場にもち込めば、簡単に修理見積書を入手できます。

しかし、海外のブランド品の場合、そう簡単にはいかないことを思い知らされました。

エルメス、カルティエなどの超高級ブランドになりますと、まずそのブランドの日本法人に打診します。日本法人の方はいいます。現物を本国に送り、修理が可能かどうか、可能だとして日本円にしていくらぐらいかかるのかを調べてもらわなければならない。時計などの場合には、分解してみなければわからないから、オーバーホールと同様に、修理不可となった場合でも、手間賃として一〇万円から一五万円はかかる。修理の可否の回答と、可の場合の見積りがでるまでには、半年かかると。

なぜ日本国内で修理ができないか。

機械式腕時計を例にとるなら、分解するところまでは国内の工房でできたとしても、歯車などのパーツを交換するとなると、そのブランド直営の工房か、または提携している傘下の工房でしかできないからです。カルティエの時計なら、ムーブメントのひとつひとつ、風防、ベゼルなど、すべてがカルティエの製品でなければ、カルティエの時計とはいえなくなるのです。歯車のひとつに、代替品として国内の部品が使われたとしたなら、動くかもしれませんが、どこかで狂いが生じるかもしれず、もはやそれは、外観だけがカルティエの偽物ということになります。

その報告をJ社側からうけた私は、裁判官に事情を説明します。その結果、修理ができそうで、比較的短時間に見積りがとれそうなものに限って、見積書を取り寄せることにしました。

機械式腕時計のような精密なムーブメントをもたない商品については、そのブランドの日本支社を通して、フランス本国に写真を送り、二か月後にパリから見積りの回答が届いたものもありました。ジュエリーやハンドバッグです。

毀損品の現物検証

毀損品についている傷は、もともと日常生活でついた傷で、今回の盗難時につけられた傷ではないという主張に、T損保側は執拗にこだわりました。その結果、毀損品の現物検証を要求してきたのです。

前裁判長も、毀損品がJ社に保管されているなら、傷の状態をT損保側にみせてやってくれませんか、といいます。

現物検証の日、T損保側は、「意見書」を書いた、五〇歳は過ぎていると思われる二人の男を、恵比寿にあるJ社の本社に同行しました。毀損品はすべて、本社に移して保管していたからです。

応接室の大きなテーブルと長デスクに、腕時計、ジュエリー、ハンドバッグが、リストの番号順に並べられています。男たち二人は、白手袋をし、業界用語でキズミと呼ばれる時計用ルーペを利き目に装着して、一点ずつ調べてゆきます。ときおり、メモをとったりしています。写真を撮ることは、私が禁じました。写真を撮らせると、それをもとに、どのようないちゃもんをつけてくるかわからないことにくわえ、インターネットで画像を流されると、J社が迷惑するからです。

五〇分くらい経過したときです。立ち会っていたJ社の社長が、隅にあった毀損品のひとつをつまみとります。それは艶のある銀色のフェイスに、ゴールドのバー・インデックスとリーフ針をあしらった円型のドレスウォッチでした。

メモをとっていた男たちに向かって、社長が呼びかけます。

「あなた方は、これがどこのブランドかわかりますか」

不意をつかれたからか、男たちは時計に目をやるものの、こたえられません。時計には、ローマ字の美しい筆記体で、ブランド名が刻まれていたにもかかわらず、無言のままです。

「これは、昨年、日本上陸をはたしたH・モーザーのオータムコレクションのひとつですよ」

「………」

「ヨーロッパで人気の高いこのブランドを知らないんですか」

自分の無知をごまかそうとするかのように、彼らは社長のことばを無視しようとします。

「じゃ、このブランドは？」

社長が次に取り上げたのは、女性用の宝飾時計でした。オーバル型のベゼルの周囲を小粒のダイヤモンドで飾りつけ、ギョーシェ彫りのフェイスの、下半分の小円に文字盤が刻まれています。それはブレゲであることが、私にはわかりました。針の形が、アップル・ハンド（通称「ブレゲ針」）と呼ばれる形状（雄《おす》を示す記号に似た形）だったからです。ブレゲといえば、マリー・アントワネットやヨーロッパの王侯貴族が愛した、セレブ御用達の名門ウォッチメゾンです。

男たちは社長が手にした時計を一瞥《いちべつ》したものの、声が出ません。女性用の高級宝飾腕時計など、これまでの人生で、まったく縁がなかったからでしょう。

「あなた方、そんなにブランド品に無知で、よく鑑定人がつとまりますね。笑っちゃいますよ」

蔑《さげす》むような笑みを浮かべながら、社長は吐き捨てました。

従業員のタイムカードの提出まで要求

社長にバカにされたことの腹いせからかどうかわかりませんが、T損保は次の期日に、懲りもせず、現物検証をした男たちの「鑑定書」なるものを提出してきます。それだけでなく、原告新宿本店の従業員の、当時のタイムカードの提出を求めてきました。

あれを出せ、これをしろという被告側の要求にいちいち応じていたら、際限がありません。

「さあ、二年以上前のタイムカードなんか、残っているかどうか、わかりませんよ。仮に残っていたとしても、原告会社の従業員の名前が載っているわけですから、そんなものを提出する必要性があるかどうか、疑問です」

法廷で、私は反論しました。

こんな要求は切り捨てるつもりでいましたが、J社側では、当時の従業員のタイムカードを集計したものが残っているといいます。

「従業員のなかで、誰ひとり不審な出退勤をしている者はおりませんので、要求通り出してくれても構いませんが」

J社の社長はいいます。

送られてきた集計票をパラリーガルに細かくチェックしてもらいました。特定の従業員が、内部手引きの疑いをかけられて、その人に不快な思いをさせるのを案じたからです。その結果、疑念を抱かせるような出退勤時刻の記載はありませんでした。それならば、内部手引者の不存在を間接的に裏づけるともいえそうです。

私はその集計表を出すことにしました。

売値か仕入値か

今回の盗難において、もち去られたものは三〇点、壊されたり傷をつけられたりしたものは八三点ありました。毀損された商品は、全損として評価し、盗取されたものと同様、売値で請求しました。

なぜ売値にしたのか。

今回の被害品は、新宿本店に展示されていた商品です。クリスマスも近かったことから、店には連日、多くの客が来店していました。本店の店頭に陳列する商品は、客が直接手にとってみるものですから、新品同様のすこぶる状態のよい品しか展示していません。

このような良品が店頭に並ぶまでには、たんに仕入金額だけでなく、商品買いつけにかかった交通費（旅費）、より良質なもの、希少性のあるものを買いつけるためにかかる宣伝広告費（インターネットのSEO対策費、折り込みチラシ代など）、仕入れた品にメンテナンスが必要な場合はその費用など、さまざまな経費がかかっています。店頭に並べた時点で、すべての商品の売値は、コストを織り込んでそれに利益を乗せ、算出しています。

単純な仕入値だけでは、商品にかかったコストが含まれませんから、損害は十分には補填されません。売値こそが、各商品の店頭での時価といえます。

判例などでは、多くのケースで仕入値を損害とみており、売値を損害とは評価しない傾向にあります。これは、裁判所の薄情なところです。私はJ社の社長と協議した結果、過去の判例の傾向を承知のうえで、売値を損害として請求しました。

訴訟では、どのようなケースにおいても、認定されると推測される額より多めに請求するのが常道です。それというのは、将来、和解交渉に入った場合、ギリギリの仕入値で請求すると、それを大幅に削らなければ和解が成立しないというデメリットを招くからです。つまり、戦略的に、はじめから譲歩できる余地を上乗せした額を請求する。これは、ほとんどの弁護士がとる方法です。

私が売値で請求した点をとらえて、S損保やT損保は、訴訟の初期の段階から、過大請求だといってきました。それだけでなく、過大請求をしていること自体、犯行がJ社側の故意、つまり内部手引者がいることを推測させるなどとこじつけてきたのです。

過大請求か正当な請求かは、被害品の損害額をどう評価するかという評価の問題であって、犯行とは関係ありません。たとえば交通事故訴訟などでは、損害額を過大に請求することは通常行われていますが、過大請求イコール故意の事故だという見解に立てば、一〇〇パーセント近い交通事故は、被害者が仕組んだことになってしまいます。

損害額の評価は、代理人の弁護士が主導して行うもので、依頼人側は弁護士の意見に従うのが大半です。

損保側のこじつけに対し、私はこのような反論書を送りつけました。

S損保は調査費用まで請求

訴訟の終盤に至って、S損保は、今回の事故の調査や鑑定のために、調査費用が三六六万円かかっている。この損害は、仮にS損保が敗訴した場合、J社に支払う保険金から控除されるべきだ。従って、原告に支払うべき保険金は存在しない、などといってきました。

長年、保険会社を相手にする保険金請求訴訟を手がけてきましたが、ここまで常軌を逸した損保側代理人の主張に出会ったのは、はじめてです。その書面を目にしたとき、私は思わず吹きだし、S損保側の弁護士に、「おい、気は確かか？」と尋ねてみたい衝動にかられました。

S損保の調査費用などというものは、同社が独自の判断で、勝手に支出したものです。J社側が関知してはいませんので、原告にはそんな調査費用を支払う義務は存在しません。

S損保側代理人の主張は、支払保険金とかかった調査費用を「相殺《そうさい》」するという趣旨ですが、成り立たない論を堂々と主張してくるS損保代理人のおろかさには、裁判官たちもあきれるだろうなと思いました。

一審判決の行方

三年余りの死闘をくりひろげた末、ようやく、東京地裁で判決が出ました。

判決では、一四〇ページに記載した被告A、つまり警備保障会社S社の履行遅滞という債務不履行を認めました。これは新聞でも報道されました。

ただセキュリティ契約の約款では、賠償金はすべて保険で対応することになっているから、Bグループである S損保とT損保の保険金から支払うのが相当だとするものでした。

J社としては、S社の債務不履行を認定してもらえたというのは、十分な成果でした。

次に、BグループであるS損保、T損保については、彼らがくり

窃盗犯に白煙噴射　間に合わず

セコムの警備　債務不履行認定

東京地裁

窃盗犯が店舗に侵入したのに白煙を噴射するシステムの作動が間に合わなかったとして、中古ブランド品店経営者が警備大手「セコム」などに損害賠償を求めた訴訟の判決が15日までに、東京地裁であった。吉村真幸裁判長は「遅滞なく噴射する契約にもかかわらず、作動したのは犯人が立ち去った約40秒後だった」とセコムの債務不履行を認めた。

判決によると、店経営者は2012年4月、月額約2万7千円でセコムと警備契約を結んだ。異常事態が起きた場合、オンライン画面で違法行為を確認したセコム基地局の職員が遠隔操作で白煙を噴射し、犯人の視界を遮ることになっていた。

12年12月に東京・渋谷の店舗で起きた窃盗事件で、複数の犯人がショーケースを破壊してバッグなどを盗んだ。白煙が噴射されたのは犯人が逃げた後だった。判決は「基地局職員が別の事案への対応を優先し、画像を確認するのが遅れた」と認めた。

吉村裁判長は、セコムに警備契約の債務不履行があったと認定。高額商品の損害は保険で処理する契約だったため、セコムの賠償責任は否定し、保険会社2社に被害額など計約1780万円の支払いを命じた。

セコムは「正式な判決文を受け取っていないのでコメントは差し控える」と説明している。

日本経済新聞／2017年6月15日　夕刊

だしてきた内部犯行説はもとより、メーカーによる玄関ドアの実験結果、日常生活でついた傷だといういかがわしい鑑定結果をことごとく排斥し、こちらの主張を認めてくれました。S損保のいう調査費用も、たてた将棋の駒を吹き飛ばすかのように、あっさり一蹴しました。もち去られたハンドバッグの数についても、こちらの主張を通してくれました。

ただ損害額については、売値ではなく仕入値で評価されました。これは、ある程度予想していたことです。

認定損害額の約一〇パーセントを弁護士費用として認めるよう求めていましたが、それも認められませんでした。交通事故などの不法行為のケース以外、弁護士費用は認めないのが判例の趨勢《すうせい》ですので、致し方ありません。

結局、一審判決が認定した金額は、一七八一万円であり、これに約四年分の遅延損害金が年六パーセントの割合でつきます。四年分では二四パーセント増になります。一審判決によって、J社が、S損保、T損保からうけとれる保険金額の合計は、その時点で二二〇八万円でした。

私には多少不満の残る額でしたが、依頼人であるJ社の社長は、事実上の勝訴だとして喜んでくれました。

訴訟は第二ラウンドへ

訴訟は、これで終わりませんでした。

支払いを命じられたS損保、T損保が控訴してきたのです。両者の支払いについては、判決で仮執行宣言がついていました。仮執行をくい止めるため、S損保、T損保は、それぞれ九一八万円、五九四万円の供託金を法務局に預託して、地裁から強制執行停止決定をとりつけたのです。

相手が控訴してきた以上、こちらも控訴しておかないと、一審判決が認定した保険金額を低く変更されるリスクがあります。これは、民事訴訟法で定められている「不利益変更の禁止」というもので、控訴した側に高裁で不利益となるような判決を出すことを禁じる趣旨です。一審原告と一審被告がともに控訴した場合には、両者が一審判決を不服としているのですから、事実上「不利益変更の禁止」はあてはまりません。私は、一審の被告全社を被控訴人として、控訴期間満了の二日前に控訴状を出しました。

訴訟は、東京高等裁判所に舞台を移します。

一審段階でのT損保代理人は、横浜の若手弁護士でした。控訴審に移って、T損保は、東京に事務所をもつ年輩のベテラン弁護士をひとりつけてきました。法曹経験の長い彼によって、一審判決をくつがえしたいと考えたからか、血の気の多いこれまでの弁護士のお目付け役としてか、どちらかよくわかりません。どちらにせよ、いまさらベテランがついたところで、形勢が変わるわけではありません。

そのベテラン弁護士とは、一〇年以上前に二、三回、相手方として対決したことがありました。対決といっても、お互い代理人としてですから、一定の節度をもって論理的な法廷闘争をくりひろげただけです。

私は、裁判所のエレベーターのなかで、相手方代理人と一緒になるのは好きではありません。そのため、相手が北側のエレベーターを使いそうなら、こちらは南側に乗るといった風に、顔を合わせないようにしています。

高裁での第一回期日のとき、たまたま相手方代理人と一緒のエレベーターに乗ってしまいました。S社、S損保、T損保の各代理人が乗り合わせています。気まずい空気が漂います。奥の方に、T損保の代理人についたベテラン弁護士の顔がみえます。昔よりは少し白髪がふえた感じでしたが、背も高く、ナイスシニアの風貌をしています。女性にもてるだろうなと思いつつ、彼と目を合わせました。

「お久しぶりです。お元気そうで何よりですね」

「いや、加茂先生ほどじゃありませんよ。今日は先生の活力を少し分けてもらいたいと思ってきました」

「何をご冗談を」

彼は笑みを浮かべます。エレベーターのなかの緊張が、一瞬緩みました。

控訴審は一回で結審しました。お互い控訴状はもちろん、控訴理由をしたためた準備書面も事前に提出済みでしたし、追加の証拠もなかったからです。

それから二か月後、言い渡された判決は一審の内容と同一でした。一審判決が出されたのが六月中旬、控訴審判決が確定したのは、その年の一二月末でした。

この結果、控訴によって支払いが遅れた約半年分の遅延損害金が加算されます。遅延損害金だけでも、S損保、T損保を合わせ四八一万円にのぼります。結局、総額二二六二万円とこれまでにかかった印紙代、切手代、証人の日当、紙代などの訴訟費用の一部として、約六万円を被告側損保に払わせました。

大もめにもめたこの訴訟は、こうして提訴から三年半後、幕を閉じました。

第二部　車の盗難

駐車場やガレージに停めておいた車が盗まれた

盗難事故として、もっとも頻発するのは、車の盗難だと思います。スーパーの駐車場に停めておいた車が、買い物袋を手にさげてもどったところ、なくなっていたとか、自宅の屋根のないガレージやマンションの駐車場に停めておいた車が、朝になったらなくなっていたという話はよく聞きます。

また、公道や、車の出入りがはげしい場所に一時的に駐車しておいたところ、傷をつけられたというケースも、少なくありません。

車の盗難や損傷で登場するのが、車両保険です。車両保険は自動車保険の中のひとつです。対人賠償保険、対物賠償保険など、人身事故、物損事故での損害賠償を保障する自動車保険に加入する際、多くは特約でつけます。損保によっては、はじめからセットで組み込まれているものもあります。

車が盗まれたり、傷つけられたりした場合、車両保険金で補償してもらいたいと考えるのは、契約者（または被保険者）としては、当然です。

こういうケースで、保険金は出るとお考えでしょうか。

盗難、損傷の外形的事実の立証が大きな壁

まず保険金は九九パーセント出ません。

損害額が数万円という少額で、自分が入っていた損保の査定担当者が、たまたま親切な方であれば、払ってくれるかもしれませんが、それはものすごくラッキーなことです。

払われない理由は何か。

それは、一四二ページで紹介した判例と同様の最高裁判決がたびたび出され、盗難、損傷の外形的事実は、被害者側に立証責任があるとされているからです。

外形的事実とは何か。

それは、何者かが車のキーをこじ開けて（またはこじ開けなくても）、車を移動させていく（つまり盗んでいく）様子、何者かが車に傷をつけている様子を指します。このような様子＝事実は、被害者側で証明しなさいというのが、最高裁の判例の考え方なのです。（最高裁二〇〇七年四月一七日第三小法廷判決、最高裁二〇〇七年四月二三日第一小法廷判決ほか）

その事実を被害者が証明し、それでも損保が「免責」を主張したいなら、「免責」に該当する事実（たとえば、車を盗んでいったかのようにみえるのは、実は被害者本人の自作自演であるとか、車に傷をつけているのは、被害者の指示をうけた息子であるといった事実）は、損保側で証明しなさいと最高裁はいっています。

最高裁は、なぜこのように立証責任を分担させたか。

それは、車両保険金を騙しとろうと、盗難を偽装する悪い輩がいるからです。こういう保険金の不正請求事案のことを、「モラルリスク」と呼ぶことは前にも述べました。モラルリスクは、全体の車両保険金請求事案の中では、ごくわずかといえるでしょう。

契約者のほとんどが、保険金詐欺を企てる犯罪者であったなら、車両保険はリスクが大きすぎて、損保としても引き受けられなくなるからです。

しかし、盗難や損傷の外形的事実の立証を求められても、その被害にあった場所（自宅のガレージやマンション、スーパーの駐車場など）に監視カメラがあって、カメラに映像が記録されている場合以外、ほとんど不可能です。現実問題として、スーパーや高級マンションならともかく、戸建ての自宅ガレージに監視カメラをつけている人は、稀です。例外的ケースとして、窃盗犯がつかまり、犯人がその車を盗んだことを自供して、かつ車が、輸出用の貨物船に積み込まれる状態で港に置かれていたなどという場合には、外形的事実（盗んでいく様子）の立証はできなかったとしても、情況証拠の積み重ねで、盗難があったとみてさしつかえないでしょう。

車の盗難や損傷での車両保険金の請求は、被害者に課せられている外形的事実の立証が、大きな障壁となって、損保側はことごとく支払いを拒否してきます。

いわく「お車が真実、盗難にあったという事実を確認することができません」「お車が第三者によって傷つけられたかどうか、弊社としては疑問に思っています」などなど。

車両保険での損保の戦略

本当に車を盗難された被害者としては、車両保険金支払不能の通知をうけたからといって、納得がいかないのは当然です。

怒った被害者は、損保の査定担当者に強い抗議の電話を入れます。するど損保は、提携している弁護士にすぐ委任します。弁護士を盾にして、クレームをシャットアウトするためです。弁護士は、支払不能通知書を送りつけます。その文書では、最高裁判例を引用し、「盗難にあった（または傷をつけられた）という外形的事実の立証責任は、被保険者（被害者）様にあることから、その証明をしていただかない限り、＊＊＊損保としては、ご請求にかかる車両保険金はお支払いできないことをご通知致します」と書かれます。損保から依頼される弁護士の側には、同種事案での文書のデータがたくさん残っています。そのため、被保険者の住所、氏名、盗難（損傷）にあったとされる日時、場所のみパソコンで変更すれば、簡単に文書は完成します。たぶん、その弁護士のパラリーガルか秘書に、文書の内容をデータからコピーペーストさせ、宛名のみ変更するよう指示して、作らせているのでしょう。

私は、同時期に、三人の方から車両保険金不払いの相談をうけたことがありました。相手方は偶然にも同じ損保で、支払不能通知書を送ってきた弁護士も、同一人物でした。文面をみると、宛先の住所、氏名と、被害にあった日時、場所がちがうのみで、あとはまったく同文です。誤植まで同一なのですから、コピーペーストして作っていることは、疑う余地がありません。

Sというこの弁護士は、損保の用心棒的存在で、これまで損保の不当な不払いに加担して、数限りない被害者を泣かせてきました。そのために、「S弁護士被害者の会」が結成され、集会まで開かれている始末です。この事実は、インターネットでも検索できます。

車両保険は、第三者による盗難、損傷の場合だけが適用になるものではありません。自分で運転していて、ちょっと脇見をした瞬間にハンドル操作を誤り、田圃《たんぼ》に転落したとか、釣に行った際、崖っぷちに停めた車がスルスルと動いて海に水没したといったケースでも、理論上は保険の適用があります。この場合でも、車が田圃に転落していった外形的事実、海に水没していった外形的事実を、被害者側で証明する必要があります。

このようなケースでは、ドライブレコーダーを自車にとりつけていれば、立証は比較的容易だと思われます。

映像さえ残っていれば、車両保険金は払われるか

この章の第一部で述べた中古ブランド品ショップの盗難事故のケースは、監視カメラの映像が記録されていたにもかかわらず、保険金が支払われなかったものです。

映像さえあれば、車両保険は払われるのか、という疑問がわくでしょう。

その場合でも損保は、すんなりとは払わない傾向にあります。損害額が少額で、被害者の気持を酌める査定担当者にあたれば払われるかもしれませんが、そうでない場合には、やはり払われないでしょう。

映像が残っている場合には、外形的事実の立証ができますので、訴訟にすれば勝てる確率が高くなります。

車が盗難にあったり、傷つけられたりした場合の損害額は、メルセデス・ベンツ、B

MW、ジャガーといった外国製の高級車でない限り、多くて五〇〇万円どまり、少なければ数十万円です。

そんな少額事案で、弁護士をつけ、費用も厭わず訴訟にもち込む体力、精神力が一般の人にあるか、となると、まずないとみるべきです。そこが損保のあくどいところで、映像が残っていたとしても、こんな少額事案で訴訟にはもち込まないだろうという読みがあるのです。万一、訴訟にもち込まれて敗訴したなら、その時点で払えばよい。そういう企みが、損保側弁護士の「車両保険金支払不能通知書」には、込められています。

保険金が出ないことがわかっている車両保険

「では、何のための車両保険ですか。はじめから出ないような保険なら、保険料詐欺も同然じゃないですか」

お怒りのお客様は、やり場のない気持で、よくそうおっしゃいます。

「おっしゃる通りです。だから高層ビルが建つんです」

車両保険のからくりはわかったものの、騙されていたことの悔しさを声ににじませながら、お客様は受話器を置きます。

テレビCMでは、「お客様の保険料は、対人、対物でたったの＊＊＊＊円、車両保険をつけても＊＊＊＊円です」と宣伝しているものがあります。保険というものは、いくら保険料が安くても、保険金が出なければ話になりません。私はこのCMをみるたびに、いつも視聴者に伝えたくなります。

「車両保険をつけても、保険金は出ないのがフツーですよ」と。

盗難保険金を出させるための戦略のまとめ

1. 商品なら店舗入口と店舗内に、車なら自宅や会社の駐車場に、可能な限り監視カメラを設置する。

2. 車には、四方向（前後左右）撮影可能なドライブレコーダーをつける。

3. 口頭で保険金請求の意思を伝えるだけでなく、保険金請求書を、内容証明郵便（配達証明付き）で必ず元請保険会社へ発送しておく。

（注）これは、訴訟になった場合、遅延損害金の起算日を特定するうえで、大切になります。

4. 不払通知をうけても、映像が残っているなら、採算を考えたうえで、なるべく泣き寝入りしないで訴訟にもち込む。

（注）ご自分の自動車保険に「弁護士費用担保特約」がついていたとしても、車両保険金請求には使えません。

おわりに――
損保はあなたの泣き寝入りを待っている

「ねぇネッド。抱いて。お願い。しっかり抱いて。愛してるわ。主人はやっと行ったわ。欲しくてたまらなかったの」

熱いキスをかわしたあとで、抱擁したまま男がつぶやきます。

「あいつは死ぬんだ。理由はない。俺たちがそれを望むからさ。……殺《や》ろう。これで決まりだ」

これは、アメリカのサスペンス映画『白いドレスの女』(原題"BODY HEAT" 1981年製作)の中の一シーンです。巨万の富を築いた中年実業家を夫にもつ若妻のマティ・ウォーカー(キャスリーン・ターナー)は、白いドレスをまとい、男なら眩暈《めまい》がするほどの官能的な美貌を武器に、愛人の中年弁護士ネッド・ラシーン（ウィリアム・ハート　一九八五年『蜘蛛女のキス』でアカデミー賞主演男優賞受賞）をたぶらかして夫を殺させ、夫の財産を山分けしようと企みます。実は山分けは、ネッドが考えていることで、夫人の方は内心、いずれ彼まで始末して、莫大な財産を一人占めする計画です。

前述の会話は、夫が家にいるために、なかなか愛人と会えなかった夫人が、貧乏弁護士の個人事務所を、前触れもなく訪ねたときのシーンです。

保険金の不払いに遭遇するたびに、私はいつもこのシーンを思い浮かべます。損保の査定担当者の上司は、おそらくこんな風に命じていると想像するからです。

「保険金は不払いでいくんだ。理由なんかどうでもいい。俺たちがそれを望むからさ」

部下の担当者は、一生懸命理由を考案し、被害者に不払通知を送りつけます。

はじめに不払いありき。

これが損保の、共通したスタンスです。

契約者や被保険者に、事故から六か月以上過ぎて届く不払通知書には、次のように書かれているでしょう。

「調査の結果、本件のご請求にかかる保険金は、お支払いできないとの結論に達しました」

時間をかけてさも入念に、公正な調査をしたかのように読めますが、こんな文書は、別件のデータをコピーペーストして、調査をする前から、査定担当者のパソコン上に保存されているとみた方が無難です。

要するに、損保は、少額なら比較的すんなり払いますが、高額請求になると、たちどころに不払いを決め込むのです。

本書に登場したA損保やT損保（ちなみに、第二章と第三章に登場するT損保は同一の会社です）だけが悪辣なのではなく、ほかの損保、共済も、本書で紹介したケースと同様に不払いで被害者を苦しめ、泣かせているのが実情です。私の事務所に寄せられるお客様の声の感触からすると、特に「＊＊＊ダイレクト」という名前の入ったインターネット系の損保は、出し渋り、不払いがはげしいように思います。インターネット系損保は、いち契約あたりの保険料が安いために、入ってくるもの（収入保険料）が低く抑えられることから、出ていくもの（保険金＝ロス）を極力抑えたいという思惑があるからです。

「藪をつついて蛇を出す」という格言がありますが、はげしいクレームを損保にあびせると、損保はすぐ弁護士をつけてきます。「損保をつついて弁護士を出す」ということを、頭に入れておいて下さい。

損保側に弁護士がつくと、彼らは損保の利益を守ろうとして、さまざまな難癖をつけて争ってきます。つまり、損保側の弁護士は、不払いに加担する結果、火に油を注ぐのです。そのため、保険金請求訴訟は紛糾をきわめ、依頼人には、費用を負担する経済力のほか、長期戦になっても屈しない精神力、体力が必要になります。

被害者の中には、自分も弁護士をたて、弁護士どうしで話し合ってもらえば、円満に解決できるのではないでしょうか、とおっしゃる方がいます。それは損保側弁護士を、「（教養があるはずの）弁護士さん」ゆえに、健全な良識をわきまえているだろうと推察する考え方です。これは性善説にたつ甘い幻想です。損保がいったん「不払い」と決めたものは、訴訟以外の場で円満な解決など、望むべくもありません。本書でも述べた通り、損保側弁護士は、善良な一般市民の被害者を犯罪者呼ばわりすることも厭いません。彼らの言動は、被害者が思うよりはるかに悪辣で、常識を逸脱しています。性悪説にたって考えることをお勧めします。

交通事故訴訟などでは、損保側にも、見識のある穏やかな（落とし所をわきまえた）弁護士がいないわけではありません。しかし、それはごく少数です。概して若手の方が、先行き（判決）への見通しの未熟さゆえに、やたらと噛《か》みつくケースが多いといえます。

読者のみなさんには、こうした事情を頭に入れて、それでもなお不当な不払いには屈せず、損保に闘いを挑んでいただくことを願ってやみません。

損保は、あなたの泣き寝入りを待っているのですから。

著者略歴

加茂隆康《かもたかやす》

一九四九年生まれ。中央大学法学部卒。弁護士、作家。

東京・汐留で加茂隆康法律事務所を経営。

保険事故、交通事故の被害者救済に特化し、保険金請求訴訟を主に扱う。

著書に『自動車保険金は出ないのがフツー』（幻冬舎新書）、巨大損保との攻防を描いたリーガルサスペンス『審理炎上』（幻冬舎）のほか、『死刑基準』（幻冬舎、WOWOWでドラマ化）、『法廷弁論』（講談社）、『交通事故賠償』（中公新書）、『交通事故紛争』（文春新書）などがある。

テレビの報道・情報番組にたびたび出演、新聞でのコメントも多い。

幻冬舎新書　536

火災・盗難保険金は出ないのがフツー

二〇一九年一月三十日　第一刷発行

著者　加茂隆康

発行人　見城　徹

編集人　志儀保博

発行所　株式会社　幻冬舎

〒一五一-〇〇五一　東京都渋谷区千駄ヶ谷四-九-七

電話　〇三-五四一一-六二一一（編集）

〇三-五四一一-六二二二（営業）

振替　〇〇一二〇-八-七六七六四三

ブックデザイン　鈴木成一デザイン室

印刷・製本所　株式会社　光邦

Printed in Japan　ISBN978-4-344-98537-7 C0295

か-13-2

幻冬舎ホームページアドレス http://www.gentosha.co.jp/

＊この本に関するご意見・ご感想をメールでお寄せいただく場合は、comment@gentosha.co.jp まで。

加茂隆康
自動車保険金は出ないのがフツー

保険金支払いを「損失(ロス)」と呼び、支払いをいかに渋り利益を出すかに腐心する損保。その不払いの実態と狡猾な手口、もしものときに保険金を出させる技術を敏腕交通弁護士が徹底解説。

坂口孝則
未来の稼ぎ方
ビジネス年表2019-2038

この先の20年で儲かる業界とそのピークは?〈エネルギー〉〈インフラ〉〈宇宙〉〈アフリカ〉など注目業界の未来を予測し、20年分のビジネスアイデアを網羅。時代の本質を見極める一冊。

山下明宏
小さな会社を強くする会計力

小さな会社が成長し続けるために必要なのは、ヒット商品でも腕利き営業マンでもなく、社長自らの「会計力」。「まず自己資本比率50%を目指す」「税理士をどう選ぶか」等、実践的にアドバイス。

苦瓜達郎
ずば抜けた結果の投資のプロだけが気づいていること
「すごい会社」の見つけ方

2017年までの6年連続で「最優秀ファンド賞」「優秀ファンド賞」を受賞し、過去1年間の運用実績が年44・3%というシニア・ファンドマネジャー。その投資法を余すところなく語り尽くす。